하루하루
급수한자쓰기
7급

이 책의 특징

<하루하루 급수한자쓰기 - 7급>은 한자의 의미를 이해하고
쓰는 순서와 바르게 쓰기에 중점을 둔 한자 쓰기 학습 교재입니다.
한자능력검정시험 7급에 나오는 한자 150자를
아이들 눈높이에 맞춘 귀여운 그림과 함께 쉽고 재미있게 구성하였습니다.

한자 따라 쓰기

한자 150자의 뜻과 음을 쓰는 순서에 맞게
따라 쓰며 익힙니다. 배운 한자가 들어간
생활 속 한자어와 문장도 함께 배웁니다.

시험 문제 유형 익히기

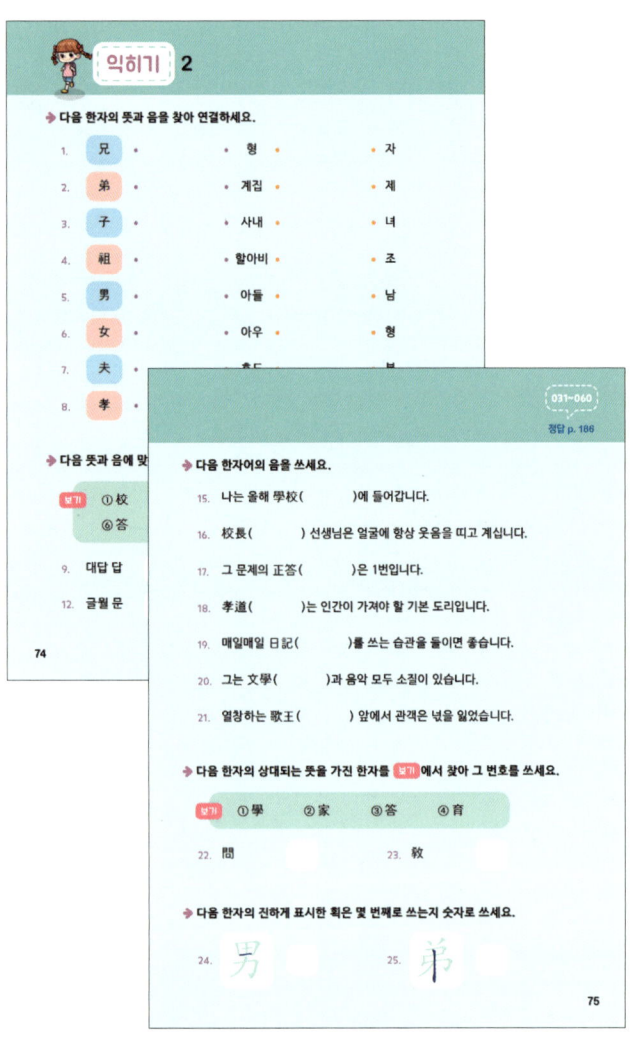

7급 한자를 바탕으로 선 잇기, 한자의 뜻과 음 쓰기,
한자어의 음 쓰기, 한자어 찾기, 상대자 찾기,
획순 확인하기를 통해 시험을 준비합니다.

차례

하루하루 급수한자쓰기 7급

한자 쓰는 순서　　6

001~030

一	한 일	10
二	두 이:	11
三	석 삼	12
四	넉 사:	13
五	다섯 오:	14
六	여섯 륙	15
七	일곱 칠	16
八	여덟 팔	17
九	아홉 구	18
十	열 십	19

百	일백 백	20
千	일천 천	21
萬	일만 만:	22
算	셈 산:	23
數	셈 수	24
日	날 일	25
月	달 월	26
火	불 화(:)	27
水	물 수	28
木	나무 목	29

金	쇠 금 | 성(姓) 김	30
土	흙 토	31
年	해 년	32
時	때 시	33
午	낮 오:	34
夕	저녁 석	35
每	매양 매(:)	36
同	한가지 동	37
父	아비 부	38
母	어미 모:	39
익히기 1		**40**

031~060

兄	형 형	44
弟	아우 제:	45
祖	할아비 조	46
子	아들 자	47
家	집 가	48
門	문 문	49
室	집 실	50
男	사내 남	51
女	계집 녀	52
長	긴 장(:)	53

少	적을 소:	54
夫	지아비 부	55
寸	마디 촌:	56
孝	효도 효:	57
育	기를 육	58
學	배울 학	59
校	학교 교:	60
敎	가르칠 교:	61
問	물을 문:	62
答	대답 답	63

先	먼저 선	64
道	길 도:	65
語	말씀 어:	66
話	말씀 화	67
記	기록할 기	68
文	글월 문	69
字	글자 자	70
紙	종이 지	71
漢	한수/한나라 한:	72
歌	노래 가	73
익히기 2		**74**

차례

061~090

旗	기 **기**	78	市	저자 **시:**	88	地	따 **지**	98
工	장인 **공**	79	村	마을 **촌:**	89	空	빌 **공**	99
韓	한국/나라 **한(:)**	80	邑	고을 **읍**	90	平	평평할 **평**	100
國	나라 **국**	81	洞	골 **동:**	91	面	낯 **면:**	101
軍	군사 **군**	82	里	마을 **리**	92	世	인간 **세:**	102
王	임금 **왕**	83	場	마당 **장**	93	有	있을 **유:**	103
主	주인/임금 **주**	84	所	바 **소:**	94	方	모 **방**	104
民	백성 **민**	85	內	안 **내:**	95	上	윗 **상:**	105
車	수레 **거**	86	外	바깥 **외:**	96	下	아래 **하:**	106
	수레 **차**		天	하늘 **천**	97	間	사이 **간(:)**	107
物	물건 **물**	87				**익히기 3**		108

091~120

左	왼 **좌:**	112	小	작을 **소:**	122	食	밥/먹을 **식**	132
右	오를/오른(쪽) **우:**	113	全	온전 **전**	123	生	날 **생**	133
前	앞 **전**	114	重	무거울 **중:**	124	老	늙을 **로:**	134
後	뒤 **후:**	115	力	힘 **력**	125	命	목숨 **명**	135
東	동녘 **동**	116	出	날 **출**	126	活	살 **활**	136
西	서녘 **서**	117	入	들 **입**	127	住	살 **주:**	137
南	남녘 **남**	118	立	설 **립**	128	農	농사 **농**	138
北	북녘 **북**	119	來	올 **래(:)**	129	事	일 **사:**	139
	달아날 **배:**		動	움직일 **동:**	130	心	마음 **심**	140
大	큰 **대(:)**	120	登	오를 **등**	131	氣	기운 **기**	141
中	가운데 **중**	121				**익히기 4**		142

하루하루 급수한자쓰기 7급

121~150

正 바를 정(:)	146	
直 곧을 직	147	
便 편할 편(:) | 똥오줌 변	148	
安 편안 안	149	
休 쉴 휴	150	
不 아닐 불	151	
人 사람 인	152	
手 손 수(:)	153	
足 발 족	154	
口 입 구(:)	155	

姓 성 성:	156
名 이름 명	157
草 풀 초	158
花 꽃 화	159
植 심을 식	160
江 강 강	161
川 내 천	162
山 메 산	163
海 바다 해:	164
林 수풀 림	165

自 스스로 자	166
然 그럴 연	167
春 봄 춘	168
夏 여름 하:	169
秋 가을 추	170
冬 겨울 동(:)	171
電 번개 전:	172
靑 푸를 청	173
白 흰 백	174
色 빛 색	175
익히기 5	176

사자성어	178
반대자	182
정답	186
찾아보기 음 순	188

한자 쓰는 순서 기본 원칙

➡ 위에서 아래로

三

二 二 三

➡ 왼쪽에서 오른쪽으로

川

丿 刂 川

➡ 세로획을 먼저

日

日 日 日 日

➡ 좌우 대칭일 때 가운데를 먼저

小

小 小 小

➡

月

月 月 月 月

水

水 水 水 水

➡ 몸을 먼저 안은 나중에　　➡ 글자 전체를 꿰뚫는 획은 나중에

➡ 삐침(丿)과 파임(乀)이 함께 있을 때 삐침을 먼저

➡ 점은 나중에

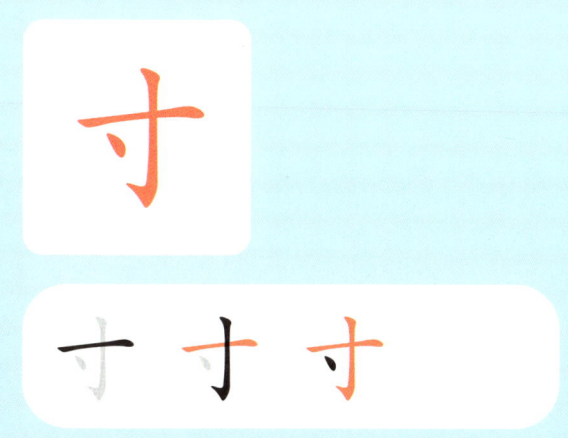

Tip. 위의 원칙을 벗어난 예외적인 글자도 있으니, 이 경우는 별도로 익힙니다.

一	二	三	四	五
六	七	八	九	十

百	千	萬	算	數
日	月	火	水	木

金	土	年	時	午
夕	每	同	父	母

 한자의 뜻과 음을 말하면서 순서에 맞게 써보세요.

급수 80

한 일

一

- **뜻풀이** 하나, 1
- **총획** 1
- **부수** 一
- **획수** 0

一方(일방) 어느 한쪽
一心(일심) 하나로 합쳐진 마음

一

一	一	一	一	一
한 일				

- 一年(일년) 내내 열심히 공부했습니다.
- 一家(일가) 친척들이 모였습니다.

한자의 뜻과 음을 말하면서 순서에 맞게 써보세요.

급수 80

두 이:

- **뜻풀이** 둘, 2
- **총획** 2
- **부수** 二
- **획수** 0

二重(이중) 두 겹, 두 번 거듭되거나 겹침

二天(이천) 과거나 백일장에서 두 번째로 바치던 글

二				
두 이				

- 둘째 달 二月(이월)에도 춥습니다.
- 금강산 찾아가자 일만 二千(이천) 봉.

한자의 뜻과 음을 말하면서 순서에 맞게 써보세요.

급수 80

三

석 삼

뜻풀이 셋, 3

총획 3

부수 一　**획수** 2

三月 (삼월) 한 해 열두 달 가운데 셋째 달
三色 (삼색) 세 가지의 빛깔

三 三 三

三	三	三	三	三
석 삼				

- 우리나라는 三面 (삼면)이 바다로 둘러싸인 반도입니다.
- 三國 (삼국) 시대에 고구려, 백제, 신라가 있었습니다.

한자의 뜻과 음을 말하면서 순서에 맞게 써보세요.

급수 80

넉 사:

뜻풀이 넷, 4

총획 5

부수 口   **획수** 2

四寸(사촌) 아버지의 친형제자매의 아들이나 딸과의 촌수

四大門(사대문) 조선 시대 서울 도성의 동서남북에 세운 네 개의 성문

四 四 四 四 四

四	四	四	四	四
넉 사				

- 四寸(사촌) 동생을 만났습니다.
- 四方(사방)에서 사람들이 몰려들었습니다.

13

한자의 뜻과 음을 말하면서 순서에 맞게 써보세요.

급수 80

다섯 오:

뜻풀이 다섯, 5

총획 4

부수 二 획수 2

五萬 (오만) 매우 다양한 여러 가지

五歌 (오가) 판소리 열두 마당 가운데 현존하는 다섯 작품

五 五 五 五

五	五	五	五	五
다섯 오				

- 춘향가, 심청가, 수궁가, 흥부가, 적벽가를 五歌(오가)라고 합니다.
- 여러 빛깔이 한데 어울려 五色(오색)찬란합니다.

14

 **한자의 뜻과 음을 말하면서 순서에 맞게 써보세요.**

급수 80

六

여섯 **륙**

- 뜻풀이 : 여섯, 6
- 총획 : 4
- 부수 : 八
- 획수 : 2

六事 (육사) 사람이 지켜야 할 여섯 가지 일로 인자, 검소, 근면, 근신, 성실, 공명

六二五 (육이오) 1950년 6월 25일, 북한의 침공으로 일어난 전쟁

六	六	六	六	六
여섯 륙				

- 六月 (유월) 六日 (육일)은 현충일입니다.
- 六寸 (육촌)은 사촌의 자녀끼리의 촌수입니다.

Tip. 6월과 10월을 한글로 나타낼 때, 널리 쓰여 굳어진 소리를 표준어로 삼아 '유월', '시월'이라고 합니다.

15

한자의 뜻과 음을 말하면서 순서에 맞게 써보세요.

급수 80

일곱 칠

七

- 뜻풀이: 일곱, 7
- 총획: 2
- 부수: 一
- 획수: 1

七夕(칠석) 견우와 직녀가 만나는 음력 7월 7일

七氣(칠기) 일곱 가지 마음의 작용으로 기쁨, 노여움, 슬픔, 미움, 사랑, 놀람, 두려움

ㄴ 七

七	七	七	七	七
일곱 칠				

- 전국에서 七十(칠십) 등을 했습니다.
- 사람은 七氣(칠기)를 잘 다스려야 합니다.

한자의 뜻과 음을 말하면서 순서에 맞게 써보세요.

급수 80

여덟 팔

八

- **뜻풀이** 여덟, 8
- **총획** 2
- **부수** 八
- **획수** 0

八方(팔방) 모든 방향
八字(팔자) 사람 한평생의 운수

여덟 팔

- 八方(팔방)으로 흩어져 찾고 있습니다.
- 몹시 어리석은 사람을 八不出(팔불출)이라고 합니다.

 한자의 뜻과 음을 말하면서 순서에 맞게 써보세요.

급수 80

九

아홉 구

뜻풀이 아홉, 9, 가장

총획 2

부수 乙　획수 1

九萬里(구만리) 아득하게 먼 거리
九天(구천) 가장 높은 하늘

九 九

九 九 九 九 九

아홉 구

- 九九(구구)단을 외워야 합니다.
- 종소리가 九天(구천)에 울려 퍼집니다.

18

 **한자의 뜻과 음을 말하면서 순서에 맞게 써보세요.**

급수 80

十

열 십

- 뜻풀이 : 열, 10
- 총획 : 2
- 부수 : 十
- 획수 : 0

二十(이십) 20, 십의 두 배가 되는 수
十字(십자) '十' 자와 같은 모양

一 十

十 十 十 十 十

열 십

- 十里(십리)는 약 4킬로미터입니다.
- 올해 十(십) 주년이 됩니다.

한자의 뜻과 음을 말하면서 순서에 맞게 써보세요.

급수 70

百

일백 백

- **뜻풀이**: 100, 온갖
- **총획**: 6
- **부수**: 白
- **획수**: 1

百萬(백만) 1,000,000, 만의 백 배가 되는 수
百方(백방) 여러 가지 방법

일백 백

- 아기가 태어난 지 百日(백일) 되는 날 잔치를 합니다.
- 약을 百方(백방)으로 구하고 있습니다.

 한자의 뜻과 음을 말하면서 순서에 맞게 써보세요.

급수 70

千

일천 천

뜻풀이 1,000, 많은

총획 3

부수 十 획수 1

千字文(천자문) 중국 양나라 주흥사가 지은 1,000자로 된 한문 학습의 입문서

千金(천금) 많은 돈이나 비싼 값을 비유적으로 이르는 말

千 千 千

千	千	千	千	千
일천 천				

- 千字文(천자문)을 공부합니다.
- 數千(수천) 명의 사람들이 모였습니다.

21

 한자의 뜻과 음을 말하면서 순서에 맞게 써보세요.

급수 80

萬

일만 만:

| 뜻풀이 | 10,000, 다수, 여러 |
| 총획 | 13 |

| 부수 | 획수 |
| 艹(艸) | 9 |

萬全 (만전) 허술함이 없이 아주 완전함
萬國旗 (만국기) 세계 여러 나라 국기

萬 萬 萬 萬 萬 萬 萬 萬 萬 萬 萬 萬 萬

萬	萬	萬	萬	萬
일만 만				

- 이번 행사 준비에 萬全(만전)을 기하고 있습니다.
- 五萬 (오만) 가지 상상을 합니다.

한자의 뜻과 음을 말하면서 순서에 맞게 써보세요.

급수 70

算

셈 산:

뜻풀이 셈하다, 계산

총획 14

부수 竹

획수 8

心算(심산) 마음속으로 하는 계획
電算(전산) 전자 회로를 이용하여 계산하는 일

算算算算算算算算算算算算算算

算 算 算 算 算

셈산

- 나를 골탕 먹일 心算(심산)입니까?
- 算數(산수) 시간에 나누기를 배웠습니다.

23

한자의 뜻과 음을 말하면서 순서에 맞게 써보세요.

급수 70

셈 수:

뜻풀이 세다, 수

총획 15

부수 攵(攴) **획수** 11

數千(수천) 천의 여러 배가 되는 수
數學(수학) 수량과 공간의 성질에 관하여 연구하는 학문

數 數 數 數 數 數 數 數 數 數 數 數 數 數 數

數	數	數	數	數
셈 수				

- 數十(수십) 년 만에 친구를 만났습니다.
- 과목 중에 數學(수학)이 가장 어렵습니다.

24

한자의 뜻과 음을 말하면서 순서에 맞게 써보세요.

급수 80

日

날 일

- **뜻풀이**: 날, 해, 낮
- **총획**: 4
- **부수**: 日
- **획수**: 0

日月 (일월) 해와 달
每日 (매일) 각각의 개별적인 나날

日 冂 月 日

날 일

- 日氣 (일기) 예보에서 비가 올 거라고 합니다.
- 저 가게는 平日 (평일)에도 사람이 많습니다.

25

 한자의 뜻과 음을 말하면서 순서에 맞게 써보세요.

 80

 月

달 월

뜻풀이 달, 한 달

총획 4

부수 月　**획수** 0

生年月日 (생년월일) 태어난 해와 달과 날
來月 (내월) 이달의 바로 다음 달

月 月 月 月

月	月	月	月	月
달 월				

- 三月 (삼월)에 꽃이 핍니다.
- 生年月日 (생년월일)이 어떻게 됩니까?

한자의 뜻과 음을 말하면서 순서에 맞게 써보세요.

급수 80

불 화(:)

뜻풀이 불, 타다

총획 4

부수 火 **획수** 0

火山 (화산) 마그마가 뿜어 나와 생긴 산
火木 (화목) 불 때는 데 쓰는 나무

火 火 火 火

불 화

- 火力 (화력)이 너무 셉니다.
- 방에 火氣 (화기)가 있어 따뜻합니다.

한자의 뜻과 음을 말하면서 순서에 맞게 써보세요.

급수 80

물 수

뜻풀이: 물, 강물

총획: 4

부수: 水   획수: 0

山水(산수) 산과 물, 경치
生水(생수) 샘에서 솟아 나오는 자연 상태의 맑은 물

水 水 水 水

水	水	水	水	水
물 수				

- 水平(수평)을 유지합니다.
- 그녀는 水中(수중) 발레 선수입니다.

 한자의 뜻과 음을 말하면서 순서에 맞게 써보세요.

급수 80

나무 목

뜻풀이 나무, 목재

총획 4

부수 木　　**획수** 0

木工(목공) 나무를 다루어 물건을 만드는 일

木花(목화) 솜을 만드는 식물

나무 목

- 木手(목수)가 나무를 다듬고 있습니다.
- 火木(화목)으로 쓸 나무는 잘 말려야 합니다.

29

한자의 뜻과 음을 말하면서 순서에 맞게 써보세요.

급수 80

쇠 금 |
성(姓) 김

뜻풀이 금속, 철, 금, 돈, 김씨

총획 8

부수 획수

金   0

出金(출금) 돈을 내어 쓰거나 내어 줌
金氏(김씨) 우리나라 성(姓)의 하나

亽 亼 刍 仐 仐 金 金 金

金 金 金 金 金

쇠 금 | 성 김

- 千金(천금)을 준다 해도 그 일만은 못합니다.
- 돈을 모두 은행에 入金(입금)했습니다.

한자의 뜻과 음을 말하면서 순서에 맞게 써보세요.

급수 80

土

흙 토

뜻풀이 흙, 땅

총획 3

부수 土
획수 0

土地(토지) 사람의 생활에 이용하는 땅
出土(출토) 땅속에 묻혀 있던 물건이 밖으로 나옴

一 十 土

土 | 土 | 土 | 土 | 土

흙 토

- 國土(국토)를 지켜야 합니다.
- 왕릉에서 유물이 出土(출토)되었습니다.

한자의 뜻과 음을 말하면서 순서에 맞게 써보세요.

급수 80

年

해 **년**

- **뜻풀이**: 연수를 나타내는 단위
- **총획**: 6

부수 干　**획수** 3

數年(수년) 두서너 해 또는 대여섯 해
年間(연간) 한 해 동안

年 年 年 年 年 年

年

해 **년**

- 선생님을 每年(매년) 찾아갑니다.
- 그는 數年(수년) 안에 그 일을 해낼 것 같습니다.

한자의 뜻과 음을 말하면서 순서에 맞게 써보세요.

급수 72

時

때 시

뜻풀이 때, 시간, 세월

총획 10

부수 日　**획수** 6

時間(시간) 시각과 시각 사이, 어느 한 시점
時空(시공) 시간과 공간

│時 │時 │日 │日 │旷 │旷 │時 │時 │時 │時

時	時	時	時	時

때 시

- 이것은 時空(시공)을 초월한 이야기입니다.
- 하루는 二十四時間(이십사시간)입니다.

한자의 뜻과 음을 말하면서 순서에 맞게 써보세요.

급수 72

낮 오:

뜻풀이 낮

총획 4

부수 十　**획수** 2

正午(정오) 낮 열두 시
午前(오전) 밤 12시부터 낮 12시까지의 시간

午 午 午 午

午	午	午	午	午
낮 오				

- 正午(정오)가 지나 점심을 먹습니다.
- 지금은 午後(오후) 세 시입니다.

한자의 뜻과 음을 말하면서 순서에 맞게 써보세요.

급수 70

夕

저녁 석

뜻풀이 저녁

총획 3

부수 夕
획수 0

夕食 (석식) 저녁 식사

秋夕 (추석) 우리나라 명절의 하나, 음력 팔월 보름날

丿 ク 夕

夕

저녁 석

- 학교에서 夕食(석식)을 줍니다.
- 七夕(칠석)날에는 비가 많이 옵니다.

한자의 뜻과 음을 말하면서 순서에 맞게 써보세요.

급수 72

每

매양 매(:)

- 뜻풀이: 매번, 그때마다, 자주
- 총획: 7
- 부수: 毋
- 획수: 3

每年(매년) 한 해 한 해, 해마다
每人(매인) 한 사람 한 사람

每 每 每 每 每 每 每

每	每	每	每	每
매양 매				

- 每日每日(매일매일) 운동을 합니다.
- 그는 每事(매사)에 신중합니다.

한자의 뜻과 음을 말하면서 순서에 맞게 써보세요.

한가지 동

뜻풀이 한가지, 같은

총획 6

同門(동문) 같은 학교에 다녔거나 같은 스승에게 배운 사람

一同(일동) 어떤 단체나 모임의 모든 사람

부수 口 **획수** 3

한가지 동

- 시작과 同時(동시)에 결과가 나타났습니다.
- 그녀는 학생 一同(일동)을 대표하여 선서를 합니다.

37

 한자의 뜻과 음을 말하면서 순서에 맞게 써보세요.

급수 80

父

아비 부

뜻풀이 아버지
총획 4

부수 父 **획수** 0

父母(부모) 아버지와 어머니
祖父(조부) 부모의 아버지, 할아버지

父				
아비 부				

- 父子(부자) 사이가 좋습니다.
- 그는 祖父母(조부모) 밑에서 자랐습니다.

 한자의 뜻과 음을 말하면서 순서에 맞게 써보세요.

급수 80

母

어미 모:

뜻풀이 어머니, 근원

총획 5

부수 母

획수 1

母子(모자) 어머니와 아들
母國(모국) 자기가 태어난 나라

乚 几 身 母 母

母	母	母	母	母

어미 모

- 母子(모자) 간에 참 많이 닮았습니다.
- 영어는 그의 母國語(모국어)입니다.

익히기 1

→ 다음 한자의 뜻과 음을 찾아 연결하세요.

1. 日 • • 쇠 • • 월
2. 月 • • 날 • • 일
3. 火 • • 불 • • 목
4. 水 • • 나무 • • 수
5. 木 • • 물 • • 금
6. 金 • • 흙 • • 화
7. 土 • • 달 • • 토
8. 年 • • 해 • • 년

→ 다음 뜻과 음에 맞는 한자를 보기에서 찾아 그 번호를 쓰세요.

보기 ①百 ②千 ③萬 ④算 ⑤數
      ⑥時 ⑦每 ⑧同 ⑨午 ⑩夕

9. 일천 천
10. 일만 만
11. 셈 수
12. 셈 산
13. 한가지 동
14. 낮 오

→ **다음 한자어의 음을 쓰세요.**

15. 이 필통은 五千(   )원입니다.

16. 八月(   ) 15일은 광복절입니다.

17. 四寸(   ) 언니와 저녁을 먹었습니다.

18. 내년에 六學年(   )이 됩니다.

19. 나는 算數(   ) 시간을 제일 좋아합니다.

20. 우리 반은 每日(   ) 받아쓰기 시험을 칩니다.

21. 그들은 同時(   )에 말을 했습니다.

22. 父母(   )를 공경해야 합니다.

→ **다음 뜻에 맞는 한자어를 보기에서 찾아 그 번호를 쓰세요.**

| 보기 | ① 五萬 | ② 一方 | ③ 正午 | ④ 年間 |

23. 어느 한쪽

24. 다양한 여러 가지

25. 한 해 동안

26. 낮 열두 시

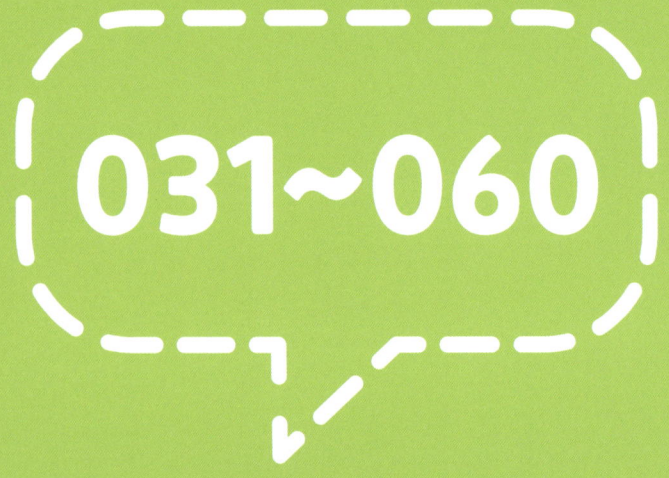

| 兄 | 弟 | 祖 | 子 | 家 |
| 門 | 室 | 男 | 女 | 長 |

| 少 | 夫 | 寸 | 孝 | 育 |
| 學 | 校 | 教 | 問 | 答 |

| 先 | 道 | 語 | 話 | 記 |
| 文 | 字 | 紙 | 漢 | 歌 |

한자의 뜻과 음을 말하면서 순서에 맞게 써보세요.

급수 80

兄

형 형

뜻풀이 맏이, 형

총획 5

부수 획수
 儿   3

兄夫 (형부) 언니의 남편
老兄 (노형) 비슷한 지위의 남자들 사이에서 상대편을 높여 부르는 말

兄 兄 兄 兄 兄

兄	兄	兄	兄	兄
형 형				

- 兄弟 (형제) 사이가 좋습니다.
- 老兄 (노형)은 어디에서 오셨습니까?

한자의 뜻과 음을 말하면서 순서에 맞게 써보세요.

급수 80

弟

부수	획수
弓	4

아우 제:

뜻풀이 아우, 나보다 어린 사람

총획 7

兄弟 (형제) 형과 아우, 형제자매와 남매를 통틀어 이르는 말

弟子 (제자) 스승으로부터 가르침을 받거나 받은 사람

弟 弟 弟 弟 弓 弟 弟

弟
아우 제

- 三兄弟 (삼형제)가 한집에서 살고 있습니다.
- 스승과 弟子 (제자) 사이입니다.

45

한자의 뜻과 음을 말하면서 순서에 맞게 써보세요.

급수 70

祖

할아비 조

뜻풀이 할아비, 조상, 근본

총획 10

부수 示   획수 5

祖上 (조상) 자기 세대 이전의 모든 세대
祖國 (조국) 조상 때부터 대대로 살던 나라

祖	祖	祖	祖	祖
할아비 조				

- 명절이면 祖上(조상)의 산소를 찾아갑니다.
- 내 祖國(조국)은 대한민국입니다.

한자의 뜻과 음을 말하면서 순서에 맞게 써보세요.

급수 72

아들 자

뜻풀이 아들, 남자, 사람

총획 3

부수 子

획수 0

子弟 (자제) 남을 높여 그 집안 자녀들을 이르는 말

女子 (여자) 여성으로 태어난 사람

了 了 子

 子 子 子 子

아들 자

- 子女 (자녀)가 어떻게 되세요?
- 임금이 죽자 王子 (왕자)가 그 왕위를 이어받았습니다.

47

한자의 뜻과 음을 말하면서 순서에 맞게 써보세요.

급수 72

집 가

뜻풀이 집, 가족

총획 10

부수 宀

획수 7

家口 (가구) 집안 식구
家長 (가장) 한 가정을 이끌어 나가는 사람

家 家 家 家 家 家 家 家 家 家

家	家	家	家	家
집 가				

- 그는 집안의 家長(가장)입니다.
- 이번 일은 國家(국가)의 미래가 달린 문제입니다.

 한자의 뜻과 음을 말하면서 순서에 맞게 써보세요.

급수 80

門

문 문

뜻풀이 문, 집안

총획 8

부수 門   획수 0

門前(문전) 문 앞
家門(가문) 가족 또는 가까운 일가로 이루어진 공동체

門 門 門 門 門 門 門 門

門	門	門	門	門
문 문				

- 그는 정치에 入門(입문)했습니다.
- 그녀는 훌륭한 家門(가문)에서 태어났습니다.

49

한자의 뜻과 음을 말하면서 순서에 맞게 써보세요.

 80

室

집 **실**

뜻풀이 집, 건물, 방, 가족

총획 9

부수 宀

획수 6

室長(실장) 연구실같이 '실' 자가 붙은 부서의 우두머리

王室(왕실) 왕의 집안

室 室 室 室 室 室 室 室 室

室	室	室	室	室
집 실				

- 地下室(지하실)에 잡동사니가 쌓여 있습니다.
- 敎室(교실)에 학생들이 있습니다.

한자의 뜻과 음을 말하면서 순서에 맞게 써보세요.

급수 72

男

사내 남

- 뜻풀이: 남자, 아들
- 총획: 7
- 부수: 田
- 획수: 2

男女(남녀) 남자와 여자
男學生(남학생) 남자 학생

男 男 男 男 男 男 男

男	男	男	男	男
사내 남				

- 男子(남자) 친구가 생겼습니다.
- 아이가 男便(남편)을 닮았습니다.

51

 한자의 뜻과 음을 말하면서 순서에 맞게 써보세요.

급수 80

계집 녀

뜻풀이 여자, 딸

총획 3

부수 획수
女   0

女子(여자) 여성으로 태어난 사람
子女(자녀) 아들과 딸

女	女	女	女	女
계집 녀				

- 한 쌍의 男女(남녀)가 걸어가고 있습니다.
- 女同生(여동생)이 둘 있습니다.

52

한자의 뜻과 음을 말하면서 순서에 맞게 써보세요.

급수 80

長

긴 장(:)

- **뜻풀이** 길다, 어른
- **총획** 8

부수 長　**획수** 0

長生(장생) 오래 삶
長子(장자) 둘 이상의 아들 중에 첫째 아들

長 長 長 長 長 長 長 長

長	長	長	長	長

긴 장

- 長時間(장시간) 걸으면 다리가 아픕니다.
- 저분은 校長(교장) 선생님이십니다.

한자의 뜻과 음을 말하면서 순서에 맞게 써보세요.

급수 70

少

적을 소:

- 뜻풀이: 적다, 젊다
- 총획: 4
- 부수: 小
- 획수: 1

少女(소녀) 어린 여자아이
少數(소수) 적은 수효

少 少 少 少

少	少	少	少	少
적을 소				

- 어린 少年(소년)이 어느덧 청년이 되었습니다.
- 少數(소수)의 의견을 존중합니다.

한자의 뜻과 음을 말하면서 순서에 맞게 써보세요.

급수 70

夫

지아비 부

뜻풀이 남편, 사내, 일꾼

총획 4

부수: 大   획수: 1

弟夫(제부) 언니가 여동생의 남편을 부르는 말

工夫(공부) 학문이나 기술을 배우고 익힘

夫	夫	夫	夫	夫
지아비 부				

- 내 弟夫(제부)는 친절합니다.
- 시험 工夫(공부)를 해야 합니다.

 한자의 뜻과 음을 말하면서 순서에 맞게 써보세요.

급수 80

寸

마디 촌:

뜻풀이 마디, 조금, 촌수

총획 3

부수 寸   획수 0

三寸(삼촌) 아버지의 형제를 부르는 말
寸數(촌수) 친족 사이 가까운 정도를 나타내는 수

寸 寸 寸

| 寸 | 寸 | 寸 | 寸 | 寸 |

마디 촌

- 그 사람과 나는 몇 寸(촌) 간입니까?
- 外三寸(외삼촌) 댁이 있는 시골에 갑니다.

56

한자의 뜻과 음을 말하면서 순서에 맞게 써보세요.

급수 72

효도 효:

뜻풀이 효도

총획 7

부수 子

획수 4

孝道(효도) 부모를 잘 섬기는 도리
孝心(효심) 부모를 섬기는 마음

孝 孝 孝 孝 孝 孝 孝

孝	孝	孝	孝	孝
효도 효				

- 그는 이 마을에서 이름난 孝子(효자)입니다.
- 부모에게 不孝(불효)한 지난날이 후회됩니다.

57

 한자의 뜻과 음을 말하면서 순서에 맞게 써보세요.

급수 70

育

기를 육

뜻풀이 기르다

총획 8

부수 月(肉)　**획수** 4

敎育(교육) 지식과 기술을 가르치며 인격을 길러 줌
生育(생육) 생물이 나서 길러짐

育 育 育 育 育 育 育 育

育
기를 육

- 누구나 敎育(교육)을 받을 권리가 있습니다.
- 식물의 生育(생육)에 이 흙이 가장 적합합니다.

 **한자의 뜻과 음을 말하면서 순서에 맞게 써보세요.**

급수 80

배울 학

뜻풀이 배우다, 학문

총획 16

부수 子   획수 13

學年(학년) 일 년간의 학습 과정의 단위

學生(학생) 학교에 다니면서 공부하는 사람

學	學	學	學	學
배울 학				

- 나는 올해 六學年(육학년)이 됩니다.
- 내일은 學父母(학부모) 모임이 있습니다.

 한자의 뜻과 음을 말하면서 순서에 맞게 써보세요.

급수 80

학교 교:

뜻풀이 학교

총획 10

부수 木 획수 6

學校(학교) 학생에게 교육을 실시하는 기관
登校(등교) 학생이 학교에 감

校 校 校 校 校 校 校 校 校 校

校	校	校	校	校
학교 교				

- 全生(전교생)이 지켜보고 있습니다.
- 校門(교문) 밖으로 나왔습니다.

한자의 뜻과 음을 말하면서 순서에 맞게 써보세요.

급수 80

가르칠 교:

뜻풀이 가르치다, 종교

총획 11

부수 획수
攵(攴) 7

敎室(교실) 학교에서 학습 활동을 하는 방

敎人(교인) 종교를 가진 사람

가르칠 교

- 학생들을 대상으로 市民敎育(시민교육)을 실시합니다.
- 그 나라의 國敎(국교)는 불교입니다.

61

한자의 뜻과 음을 말하면서 순서에 맞게 써보세요.

급수 70

問

물을 문:

뜻풀이 묻다

총획 11

부수 口 획수 8

問安(문안) 웃어른께 안부를 여쭘
下問(하문) 윗사람이 아랫사람에게 물음

問 問 問 問 問 問 問 問 問 問 問

問
물을 문

- 나 자신에게 自問(자문)을 계속합니다.
- 임금이 신하에게 下問(하문)하였습니다.

62

 한자의 뜻과 음을 말하면서 순서에 맞게 써보세요.

급수 72

答

대답 답

뜻풀이 대답하다

총획 12

부수 竹

획수 6

問答(문답) 물음과 대답
名答(명답) 질문의 의도에 꼭 맞게 잘한 대답

答 答 答 答 答 答 答 答 答 答 答 答

答	答	答	答	答
대답 답				

- 그 문제 正答(정답)이 무엇입니까?
- 그녀의 대답은 과연 名答(명답)입니다.

63

한자의 뜻과 음을 말하면서 순서에 맞게 써보세요.

급수 80

先

먼저 선

뜻풀이 먼저, 우선, 앞, 조상

총획 6

부수 儿   획수 4

先手(선수) 남이 하기 전에 앞질러 하는 행동
先祖(선조) 먼 윗대의 조상

先 先 先 先 先 先

先	先	先	先	先
먼저 선				

- 그는 수학 先生(선생)입니다.
- 일에는 先後(선후)가 있는 법입니다.

한자의 뜻과 음을 말하면서 순서에 맞게 써보세요.

급수 72

길 도:

뜻풀이   길, 도로, 이치, 방법

총획   13

부수   획수
辶(辵)   9

人道 (인도) 사람이 다니는 길
上水道 (상수도) 관을 통하여 물을 보내 주는 설비

道 道 首 首 首 首 首 首 首 道 道 道 道

道	道	道	道	道
길 도				

- 車道 (차도) 근처에서 놀면 위험합니다.
- 上水道 (상수도)가 없으면 물을 길어다 먹어야 합니다.

65

한자의 뜻과 음을 말하면서 순서에 맞게 써보세요.

급수 70

語

말씀 어:

- 뜻풀이: 말씀, 말하다
- 총획: 14
- 부수: 言
- 획수: 7

語文 (어문) 말과 글, 어학과 문학
語學 (어학) 어떤 나라의 언어

語語語語語語語語語語語語語語

語	語	語	語	語
말씀 어				

- 우리의 語文 (어문)을 아끼고 사랑해야 합니다.
- 유학 온 語學生 (어학생)들이 한국어를 공부합니다.

한자의 뜻과 음을 말하면서 순서에 맞게 써보세요.

급수 72

말씀 **화**

뜻풀이 말하다, 이야기

총획 13

부수 言 **획수** 6

電話(전화) 전화기를 이용하여 말을 주고받음

民話(민화) 민간에 전해 오는 옛이야기

丶 亠 三 三 言 言 言 訁 訐 訐 話 話 話

話

말씀 **화**

- 電話(전화)한 사람이 누구입니까?
- 연구를 위해 民話(민화)를 기록합니다.

한자의 뜻과 음을 말하면서 순서에 맞게 써보세요.

급수 72

기록할 기

뜻풀이 적다, 문서

총획 10

부수 言   **획수** 3

記事(기사) 사실을 적은 글
登記(등기) 법에 따라 권리관계를 적는 일 또는 적어 놓은 것

記 記 記 記 記 記 記 記 記 記

記	記	記	記	記
기록할 기				

- 신문에 사건에 대한 記事(기사)가 실렸습니다.
- 日記(일기)를 매일 씁니다.

한자의 뜻과 음을 말하면서 순서에 맞게 써보세요.

급수 70

글월 문

뜻풀이 글, 문장, 학문, 문화

총획 4

부수 文　**획수** 0

文人(문인) 글 짓는 일에 종사하는 사람
漢文(한문) 중국 고전의 문장

文 文 文 文

글월 문

- 열하일기는 漢文(한문)으로 된 소설입니다.
- 文學(문학) 작품들을 많이 읽어야 합니다.

 한자의 뜻과 음을 말하면서 순서에 맞게 써보세요.

급수 70

字

글자 자

뜻풀이 글자

총획 6

부수 子 획수 3

漢字(한자) 중국에서 만들어져 지금도 사용하는 문자

文字(문자) 글자, 말을 적는 일정한 부호

字 字 字 字 宀 字

字	字	字	字	字
글자 자				

- 친구와 함께 漢字(한자)를 공부합니다.
- 그녀는 이름을 正字(정자)로 바르게 썼습니다.

 한자의 뜻과 음을 말하면서 순서에 맞게 써보세요.

급수 70

종이 **지**

뜻풀이 종이

총획 10

부수 糸 획수 4

答紙(답지) 문제의 답을 쓰는 종이
紙面(지면) 종이 겉면, 기사나 글이 실린 인쇄물의 면

紙 紙 紙 紙 紙 紙 紙 紙 紙 紙

紙	紙	紙	紙	紙

종이 **지**

- 白紙(백지)에 자유롭게 낙서를 해도 됩니다.
- 紙面(지면)에 광고를 실어야 합니다.

71

 한자의 뜻과 음을 말하면서 순서에 맞게 써보세요.

급수 72

한수/한나라 한:

뜻풀이: 중국 한나라, 양쯔강 지류, 사나이

총획: 14

부수: 氵(水)　획수: 11

漢江(한강) 우리나라 중부를 흐르는 강

門外漢(문외한) 어떤 일에 전문 지식이 없는 사람

漢 漢 漢 漢 漢 漢 漢 漢 漢 漢 漢 漢 漢 漢

漢	漢	漢	漢	漢
한수/한나라 한				

- 사람들이 漢江(한강) 유람선을 타고 경치를 즐깁니다.
- 漢學(한학)은 한문을 연구하는 학문입니다.

한자의 뜻과 음을 말하면서 순서에 맞게 써보세요.

급수 70

노래 가

| 뜻풀이 | 노래 |
| 총획 | 14 |

| 부수 | 획수 |
| 欠 | 10 |

歌手(가수) 노래 부르는 것이 직업인 사람

國歌(국가) 나라를 대표하는 노래

歌 歌 歌 歌 歌 歌 歌 歌 歌 歌 歌 歌 歌 歌

歌	歌	歌	歌	歌
노래 가				

- 군인들이 軍歌(군가)를 부릅니다.
- 학생들이 校歌(교가)를 제창합니다.

73

익히기 2

➡ 다음 한자의 뜻과 음을 찾아 연결하세요.

1. 兄 • • 형 • • 자
2. 弟 • • 계집 • • 제
3. 子 • • 사내 • • 녀
4. 祖 • • 할아비 • • 조
5. 男 • • 아들 • • 남
6. 女 • • 아우 • • 형
7. 夫 • • 효도 • • 부
8. 孝 • • 지아비 • • 효

➡ 다음 뜻과 음에 맞는 한자를 보기 에서 찾아 그 번호를 쓰세요.

보기 ① 校   ② 敎   ③ 學   ④ 育   ⑤ 問
      ⑥ 答   ⑦ 語   ⑧ 話   ⑨ 文   ⑩ 字

9. 대답 답
10. 가르칠 교
11. 기를 육
12. 글월 문
13. 글자 자
14. 말씀 어

74

➤ 다음 한자어의 음을 쓰세요.

15. 나는 올해 學校(　　　)에 들어갑니다.

16. 校長(　　　) 선생님은 얼굴에 항상 웃음을 띠고 계십니다.

17. 그 문제의 正答(　　　)은 1번입니다.

18. 孝道(　　　)는 인간이 가져야 할 기본 도리입니다.

19. 매일매일 日記(　　　)를 쓰는 습관을 들이면 좋습니다.

20. 그는 文學(　　　)과 음악 모두 소질이 있습니다.

21. 열창하는 歌王(　　　) 앞에서 관객은 넋을 잃었습니다.

➤ 다음 한자의 상대되는 뜻을 가진 한자를 보기에서 찾아 그 번호를 쓰세요.

| 보기 | ① 學 | ② 家 | ③ 答 | ④ 育 |

22. 問　　　　　　23. 教

➤ 다음 한자의 진하게 표시한 획은 몇 번째로 쓰는지 숫자로 쓰세요.

24. 男　　　　　　25. 弟

| 旗 | 工 | 韓 | 國 | 軍 |
| 王 | 主 | 民 | 車 | 物 |

| 市 | 村 | 邑 | 洞 | 里 |
| 場 | 所 | 內 | 外 | 天 |

| 地 | 空 | 平 | 面 | 世 |
| 有 | 方 | 上 | 下 | 間 |

한자의 뜻과 음을 말하면서 순서에 맞게 써보세요.

급수 70

旗

기 기

뜻풀이 깃발

총획 14

부수 方

획수 10

校旗(교기) 학교를 상징하는 깃발

旗手(기수) 대열의 앞에서 기를 드는 사람, 앞장서는 사람

旗 旗 旗 旗 旗 旗 旗 旗 旗 旗 旗 旗 旗 旗

旗	旗	旗	旗	旗
기 기				

- 다 같이 國旗(국기)에 대한 경례를 합시다.
- 그는 우리나라를 이끌 旗手(기수)로 주목받고 있습니다.

한자의 뜻과 음을 말하면서 순서에 맞게 써보세요.

급수 72

工

장인 공

뜻풀이 장인, 일, 공적

총획 3

부수 工　**획수** 0

人工(인공) 사람이 하는 일
工場(공장) 재료를 가공해 물건을 만드는 설비를 갖춘 곳

一 丁 工

장인 공

- 오늘의 국어 工夫(공부)를 마쳤습니다.
- 친구에게 木工(목공) 일을 배웁니다.

한자의 뜻과 음을 말하면서 순서에 맞게 써보세요.

급수 80

한국/나라 한(:)

뜻풀이 대한민국, 춘추전국 시대의 나라 이름

총획 17

부수 韋 획수 8

南漢 (남한) 대한민국의 휴전선 남쪽 지역

韓國人 (한국인) 한국 국적을 가진 사람

韓 韓 韓 韓 韓 韓 韓 韓 韓 韓 韓 韓 韓 韓 韓

韓	韓	韓	韓	韓
한국/나라 한				

- 나는 韓食(한식)을 더 좋아합니다.
- 남한과 北韓(북한)의 선수단이 함께 입장합니다.

 **한자의 뜻과 음을 말하면서 순서에 맞게 써보세요.**

급수 80

國

나라 국

- **뜻풀이**: 나라
- **총획**: 11

부수 囗   **획수** 8

國家(국가) 영토, 국민, 주권을 가진 집단
全國(전국) 나라 전체

丨 冂 冂 冋 冋 同 囯 或 或 國 國

國	國	國	國	國
나라 국				

- 지리산 國立(국립) 공원의 경치가 아름답습니다.
- 내일 미국으로 出國(출국)합니다.

 한자의 뜻과 음을 말하면서 순서에 맞게 써보세요.

급수 80

軍

군사 군

| 뜻풀이 | 군사, 군대 |
| 총획 | 9 |

부수 車 획수 2

空軍(공군) 하늘을 지키는 군대
水軍(수군) 조선 시대에, 바다에서 국방을 담당한 군대

軍軍軍軍軍軍軍軍軍

軍	軍	軍	軍	軍
군사 군				

- 나라를 지키는 軍人(군인)이 되고 싶습니다.
- 이순신 장군이 전쟁에서 水軍(수군)을 이끌었습니다.

한자의 뜻과 음을 말하면서 순서에 맞게 써보세요.

급수 80

王

임금 왕

- **뜻풀이** 왕, 임금
- **총획** 4

부수 王(玉) **획수** 0

- 大王(대왕) 훌륭하고 뛰어난 임금
- 花王(화왕) 꽃 가운데 왕이라는 뜻으로, '모란꽃'을 의미

一 二 干 王

임금 왕

- 세종 大王(대왕)은 1443년에 한글을 창제하였습니다.
- 새 國王(국왕)이 임금의 자리에 올랐습니다.

한자의 뜻과 음을 말하면서 순서에 맞게 써보세요.

급수 70

主

주인/임금 주

뜻풀이 주인, 임금, 주요, 중심

총획 5

부수 丶

획수 4

主上(주상) 임금
主食(주식) 밥과 같이 끼니에 주로 먹는 음식

主 主 主 主 主

| 主 | 主 | 主 | 主 | 主 |

주인/임금 주

| | | | | |

- 이 가방 主人(주인)은 누구입니까?
- 主上(주상) 전하의 명을 받들라.

한자의 뜻과 음을 말하면서 순서에 맞게 써보세요.

급수 80

백성 민

뜻풀이 백성, 국민, 개인

총획 5

부수 氏
획수 1

民主(민주) 국민이 주인인 정치 형태
民事(민사) 개인 사이 법률관계에서 일어나는 일

民 民 民 民 民

民
백성 민

- 지도자는 民心(민심)을 헤아릴 줄 알아야 합니다.
- 아파트 住民(주민)들이 모였습니다.

85

한자의 뜻과 음을 말하면서 순서에 맞게 써보세요.

급수 72

車

수레 거 |
수레 차

뜻풀이 수레, 차

총획 7

부수 車 획수 0

人力車(인력거) 사람이 끄는 바퀴 달린 수레

電車(전차) 전기를 공급받아 궤도 위를 다니는 차

車 車 車 車 車 車 車

車 車 車 車 車

수레 거 | 수레 차

- 우리는 自動車(자동차)를 운전해서 이동하고 있습니다.
- 서울 가는 車便(차편)을 알아보는 중입니다.

86

한자의 뜻과 음을 말하면서 순서에 맞게 써보세요.

급수 72

물건 물

뜻풀이 물건, 무리

총획 8

부수 牛   **획수** 4

萬物(만물) 세상에 있는 모든 것
文物(문물) 문화의 산물, 문화에 관한 모든 것

物 物 物 物 物 物 物 物

物	物	物	物	物
물건 물				

- 그 학교에서 위대한 人物(인물)들이 많이 나왔습니다.
- 이 호수는 지역의 名物(명물)입니다.

87

한자의 뜻과 음을 말하면서 순서에 맞게 써보세요.

급수 72

市

저자 시:

뜻풀이 시장, 사람 많은 시가, 도시

총획 5

부수 巾 **획수** 2

市外 (시외) 도시의 밖
市民 (시민) 시에 사는 사람

市 市 市 市 市

市				
저자 시				

- 市外 (시외) 버스 정류장이 어디인가요?
- 오늘 市立 (시립) 도서관에서 책을 빌렸습니다.

한자의 뜻과 음을 말하면서 순서에 맞게 써보세요.

급수 70

村

마을 촌:

뜻풀이 마을, 시골

총획 7

부수 木 획수 3

農村(농촌) 주민의 대부분이 농업에 종사하는 마을

山村(산촌) 산속에 있는 마을

村

마을 촌

- 마을에서 나이가 제일 많으신 村長(촌장)님이 직접 나오셨습니다.
- 大學村(대학촌)에는 서점이 많습니다.

 한자의 뜻과 음을 말하면서 순서에 맞게 써보세요.

 급수 70

 邑

고을 **읍**

- 뜻풀이: 마을, 행정 구역 단위
- 총획: 7

부수 邑 획수 0

邑內 (읍내) 읍의 구역 안
邑長 (읍장) 지방 행정 구역인 읍의 우두머리

고을 **읍**

- 오늘은 邑(읍)에 장이 서는 날입니다.
- 邑內 (읍내)에 가면 보건소가 있습니다.

# 한자의 뜻과 음을 말하면서 순서에 맞게 써보세요.

급수 70

골 동:

뜻풀이 동네

총획 9

부수 획수

氵(水) 6

洞口 (동구) 동네 어귀
洞長 (동장) 한 동네의 우두머리

洞 洞 洞 洞 洞 洞 洞 洞 洞

洞	洞	洞	洞	洞
골 동				

- 할머니를 배웅하러 洞口 (동구) 밖까지 나갔습니다.
- 우리 동네의 洞 (동) 주민 센터는 어디에 있나요?

한자의 뜻과 음을 말하면서 순서에 맞게 써보세요.

급수 70

里

마을 리:

뜻풀이 마을, 행정 구역 단위, 거리 단위

총획 7

부수 里 **획수** 0

里長(이장) 행정 구역 '이(里)'를 대표하여 일을 맡아보는 사람

洞里(동리) 시골에서 여러 집이 모여 사는 곳, 마을

里	里	里	里	里
마을 리				

- 이 마을 里長(이장)님은 부지런합니다.
- 독도는 울릉도에서 남동쪽으로 50海里(해리)쯤 떨어져 있습니다.

한자의 뜻과 음을 말하면서 순서에 맞게 써보세요.

급수 72

場

마당 장

- 뜻풀이: 마당, 장소, 곳
- 총획: 12
- 부수: 土
- 획수: 9

市場(시장) 여러 상품을 사고파는 장소
場面(장면) 어떤 장소에서 벌어진 광경

場 場 場 場 場 場 場 場 場 場 場 場

場	場	場	場	場
마당 장				

- 자동차 工場(공장)을 세우는 중입니다.
- 어머니는 市場(시장)에 물건을 사러 갑니다.

# 한자의 뜻과 음을 말하면서 순서에 맞게 써보세요.

급수 70

所

바 소:

뜻풀이: 장소, 경우, 도리, 쯤

총획: 8

부수: 戶
획수: 4

所有(소유) 가지고 있음, 가진 물건
場所(장소) 어떤 일이 일어나는 곳

所 所 所 所 所 所 所 所

所	所	所	所	所
바 소				

- 여기가 약속 場所(장소)입니다.
- 저도 정확한 住所(주소)를 모릅니다.

한자의 뜻과 음을 말하면서 순서에 맞게 써보세요.

급수 72

內

안 내:

- 뜻풀이 안, 내부
- 총획 4

부수 入 획수 2

室內 (실내) 방이나 건물 따위의 안
市內 (시내) 도시의 안

丨 冂 內 內

內	內	內	內	內
안 내				

- 場內 (장내) 사회자가 선수들을 소개합니다.
- 市內 (시내) 중심에 공원이 있습니다.

한자의 뜻과 음을 말하면서 순서에 맞게 써보세요.

급수 80

外

바깥 외:

- 뜻풀이: 바깥, 밖
- 총획: 5
- 부수: 夕
- 획수: 2

室外 (실외) 방이나 건물 따위의 밖
外食 (외식) 밖에서 음식을 사 먹음

外 ノ 夕 夘 外

外	外	外	外	外
바깥 외				

- 外出 (외출) 준비를 마쳤습니다.
- 다음 방학에는 온 가족이 外國 (외국)으로 여행을 떠납니다.

 한자의 뜻과 음을 말하면서 순서에 맞게 써보세요.

급수 70

하늘 **천**

| 뜻풀이 | 하늘, 하느님 |
| 총획 | 4 |

| 부수 | 획수 |
| 大 | 1 |

天生 (천생) 하늘로부터 타고남
天文學 (천문학) 우주, 천체를 연구하는 학문

  天 天

天	天	天	天	天
하늘 천				

- 그들은 天生 (천생) 연분입니다.
- 그는 좋은 일을 많이 해서 天國 (천국)에 갔을 겁니다.

97

한자의 뜻과 음을 말하면서 순서에 맞게 써보세요.

급수 70

따 지

뜻풀이 땅

총획 6

부수 土

획수 3

地方 (지방) 어떤 지역의 땅, 서울 이외의 지역

地下道 (지하도) 땅 밑으로 만든 길

地 地 地 地 地 地

地	地	地	地	地
따 지				

- 地上 (지상)에서 가장 아름다운 곳입니다.
- 地下水 (지하수)가 오염되고 있습니다.

한자의 뜻과 음을 말하면서 순서에 맞게 써보세요.

급수 72

空

빌 공

뜻풀이 비다, 없다, 하늘
총획 8

부수 穴
획수 3

空中 (공중) 하늘과 땅 사이의 빈 곳
空白 (공백) 종이나 책에서 글씨나 그림이 없는 빈 곳

丶 宀 宀 穴 穴 空 空 空

空	空	空	空	空
빌 공				

- 산에 가서 신선한 空氣(공기)를 마십시다.
- 空軍(공군)이 되어 하늘을 지키고 싶습니다.

99

 한자의 뜻과 음을 말하면서 순서에 맞게 써보세요.

급수 72

平

평평할 평

- **뜻풀이** 평평하다, 보통, 공평
- **총획** 5

부수 干 **획수** 2

平年(평년) 풍년도 흉년도 아닌 보통 수확을 올린 해
平正(평정) 공평하고 올바름

平 平 平 平 平

平	平	平	平	平
평평할 평				

- 平日(평일)이라 그런지 영화관에 사람이 적습니다.
- 우리는 서로 平生(평생)을 같이할 사람입니다.

 한자의 뜻과 음을 말하면서 순서에 맞게 써보세요.

급수 70

面

낯 면:

뜻풀이 얼굴, 표면, 부분
총획 9

부수 획수
面 0

正面(정면) 똑바로 마주 보이는 면
全面(전면) 모든 부분

面 面 面 面 面 面 面 面 面

面	面	面	面	面
낯 면				

- 사람의 面面(면면)을 살펴보았습니다.
- 이 場面(장면)을 본 적이 있습니다.

한자의 뜻과 음을 말하면서 순서에 맞게 써보세요.

급수 72

世

인간 세:

뜻풀이 인간, 세대

총획 5

부수 一   **획수** 4

出世(출세) 사회적 지위에 오르거나 유명해짐

時世(시세) 그 당시의 세상

世 世 世 世 世

世	世	世	世	世
인간 세				

- 世上(세상)이 많이 변했습니다.
- 後世(후세)에 이름을 남길 만한 업적입니다.

한자의 뜻과 음을 말하면서 순서에 맞게 써보세요.

급수 70

有

있을 유:

- **뜻풀이** 있다, 가지다
- **총획** 6

부수 月 **획수** 2

有力 (유력) 세력이나 재산이 있음
國有 (국유) 국가의 소유

有 有 有 有 有 有

有	有	有	有	有
있을 유				

- 저 사람은 有名(유명)한 가수입니다.
- 저 땅은 그의 所有(소유)입니다.

한자의 뜻과 음을 말하면서 순서에 맞게 써보세요.

급수 72

모 방

뜻풀이 방향, 방법, 땅

총획 4

부수 方 **획수** 0

四方(사방) 동, 서, 남, 북 네 방위
方道(방도) 일을 하거나 문제를 풀어 가기 위한 방법

方 方 方 方

方	方	方	方	方
모 방				

- 한쪽으로 一方(일방)통행을 해야 합니다.
- 그 地方(지방) 특산물은 무엇입니까?

한자의 뜻과 음을 말하면서 순서에 맞게 써보세요.

급수 72

上

윗 상:

- **뜻풀이** 위, 높은
- **총획** 3

- **부수** 一
- **획수** 2

上記(상기) 본문 위나 앞쪽에 적은 글
上空(상공) 높은 하늘

丨 上 上

上	上	上	上	上
윗상				

- 上記(상기) 내용이 사실인지 확인하겠습니다.
- 上空(상공)으로 비행기가 날아갑니다.

한자의 뜻과 음을 말하면서 순서에 맞게 써보세요.

급수 72

下

아래 하:

뜻풀이 아래
총획 3

부수 一
획수 2

下山 (하산) 산에서 내려감
下校 (하교) 학교에서 집으로 돌아옴

下 下 下

下	下	下	下	下
아래 하				

- 다음 역에서 下車(하차)합니다.
- 같은 반 친구와 같이 下校(하교)합니다.

106

한자의 뜻과 음을 말하면서 순서에 맞게 써보세요.

급수 72

間

사이 간(:)

- **뜻풀이** 틈, 사이
- **총획** 12

부수 門 **획수** 4

中間 (중간) 두 사물의 사이, 공간이나 시간의 가운데
空間 (공간) 아무것도 없는 빈 곳

間 間 間 間 間 間 間 間 間 間 間 間

間	間	間	間	間
사이 간				

- 차가 中間 (중간)에 갑자기 멈췄습니다.
- 저 空間 (공간)에 무엇을 둘까요?

107

익히기 3

→ 다음 한자어의 음을 쓰세요.

1. 세계 여러 나라 國旗(　　　)가 유엔 광장에 펄럭이고 있습니다.

2. 그곳은 車便(　　　)으로 불과 10분 거리입니다.

3. 邑內(　　　)로 나가는 버스는 30분마다 옵니다.

4. 비빔밥은 외국인들이 좋아하는 韓食(　　　) 중의 하나입니다.

5. 主人(　　　) 의식을 가지고 공공시설을 이용해야 합니다.

6. 서울 市內(　　　) 곳곳에 정전이 발생했습니다.

7. 民間(　　　) 차원에서 교류가 더욱 활발해졌습니다.

8. 나는 한 달 동안 室內(　　　) 수영장에서 수영을 배웠습니다.

→ 다음 한자의 뜻과 음을 쓰세요.

| 예 | 天 　하늘 천 |

9. 外
10. 場
11. 世
12. 間
13. 村
14. 物

061~090

정답 p. 186

➡ 다음 밑줄 친 한자어를 보기 에서 찾아 그 번호를 쓰세요.

보기   ① 地方   ② 世上   ③ 平年   ④ 場所

15. 회담 장소를 부산으로 정했습니다.

16. 정부는 중앙과 지방의 격차를 줄이기 위해 노력하고 있습니다.

17. 올여름 기온은 평년과 비슷하거나 조금 높습니다.

➡ 다음 뜻에 맞는 한자어를 보기 에서 찾아 그 번호를 쓰세요.

보기   ① 電車   ② 文物   ③ 洞里   ④ 市場

18. 문화의 산물, 문화에 관한 모든 것

19. 시골에서 여러 집이 모여 사는 곳, 마을

20. 여러 상품을 사고파는 장소

➡ 다음 한자의 상대되는 뜻을 가진 한자를 보기 에서 찾아 그 번호를 쓰세요.

보기   ① 內   ② 市   ③ 物   ④ 車

21. 外   22. 村

| 左 | 右 | 前 | 後 | 東 |
| 西 | 南 | 北 | 大 | 中 |

| 小 | 全 | 重 | 力 | 出 |
| 入 | 立 | 來 | 動 | 登 |

| 食 | 生 | 老 | 命 | 活 |
| 住 | 農 | 事 | 心 | 氣 |

한자의 뜻과 음을 말하면서 순서에 맞게 써보세요.

급수 72

왼 좌:

뜻풀이 왼쪽

총획 5

부수 工 획수 2

左手(좌수) 왼쪽 손
左右(좌우) 왼쪽과 오른쪽을 아우르는 말

左 左 左 左 左

左	左	左	左	左
왼 좌				

- 여기서 左(좌)회전하세요.
- 左右(좌우)로 고개를 흔듭니다.

한자의 뜻과 음을 말하면서 순서에 맞게 써보세요.

급수 72

右

오를/오른(쪽) 우:

뜻풀이 오른쪽

총획 5

부수 口   획수 2

右心室 (우심실) 심장의 오른쪽 아래에 있는 방

左右間 (좌우간) 이렇든 저렇든 어떻든 간

ノ ナ 才 右 右

右 右 右 右 右

오를/오른(쪽) 우

- 右(우)로 다섯 보 움직이세요.
- 너무 걱정하지 말고 左右間(좌우간) 기다려 봅시다.

113

한자의 뜻과 음을 말하면서 순서에 맞게 써보세요.

급수 72

앞 전

뜻풀이 앞

총획 9

부수 획수
刂(刀) 7

前方(전방) 앞쪽, 적을 바로 마주하고 있는 지역

面前(면전) 얼굴 앞, 보고 있는 앞

前 前 前 前 前 前 前 前 前

前	前	前	前	前
앞 전				

- 군인이 前方(전방)을 지키고 있습니다.
- 성적이 前年(전년)에 비해 좋습니다.

한자의 뜻과 음을 말하면서 순서에 맞게 써보세요.

급수 72

後

뒤 후:

뜻풀이 뒤

총획 9

부수 彳 획수 6

午後(오후) 낮 12시부터 밤 12시까지의 시간
前後(전후) 앞과 뒤, 먼저와 나중

後 後 後 後 後 後 後 後 後

뒤 후

- 그 식당 後記(후기)가 좋습니다.
- 前後(전후)를 살펴야 합니다.

 한자의 뜻과 음을 말하면서 순서에 맞게 써보세요.

급수 80

동녘 **동**

뜻풀이 동쪽

총획 8

부수 木 획수 4

東海(동해) 동쪽에 있는 바다
東方(동방) 동쪽

東 東 東 東 東 東 東 東

東	東	東	東	東
동녘 **동**				

- 東大門(동대문)은 우리나라 보물입니다.
- 우리나라를 '東方(동방)예의지국'이라고 합니다.

116

한자의 뜻과 음을 말하면서 순서에 맞게 써보세요.

급수 80

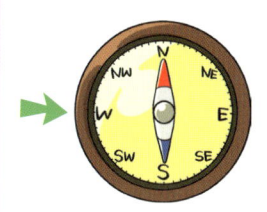

西

서녘 서

뜻풀이: 서쪽, 서양(유럽과 북아메리카)

총획: 6

부수: 西   획수: 0

東西(동서) 동쪽과 서쪽, 동양과 서양
西學(서학) 서양의 학문

西	西	西	西	西
서녘 서				

- 올림픽으로 東西(동서)가 하나가 됩니다.
- 우리나라 西海(서해)를 '황해'라고도 합니다.

117

 한자의 뜻과 음을 말하면서 순서에 맞게 써보세요.

급수 80

남녘 남

- 뜻풀이: 남쪽
- 총획: 9

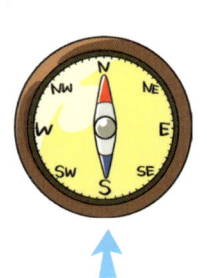

부수: 十
획수: 7

南道(남도) 남과 북으로 되어 있는 도에서 남쪽에 있는 도
南下(남하) 남쪽으로 내려감

南 南 南 南 南 南 南 南 南

南	南	南	南	南
남녘 남				

- 전라南道(남도) 음식이 맛있습니다.
- 장마 전선의 南下(남하)로 서울에 비가 오겠습니다.

한자의 뜻과 음을 말하면서 순서에 맞게 써보세요.

급수 80

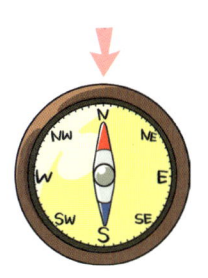

북녘 북 |
달아날 배:

뜻풀이 북쪽, 달아나다

총획 5

부수 匕   획수 3

北村(북촌) 북쪽에 있는 마을
敗北(패배) 싸움에 져서 도망감

北 北 北 北 北

| 北 | 北 | 北 | 北 | 北 |

북녘 북 | 달아날 배

- 경상北道(북도) 안동이 제 고향입니다.
- 주말에 北村(북촌) 한옥마을을 갔습니다.

 한자의 뜻과 음을 말하면서 순서에 맞게 써보세요.

급수 80

大

큰 대(:)

- **뜻풀이** 크다, 많다, 훌륭하다
- **총획** 3

부수 大　**획수** 0

大海(대해) 넓고 큰 바다
大事(대사) 중대한 일, 큰 잔치

大 大 大

大	大	大	大	大
큰 대				

- 大人(대인)은 1,000원입니다.
- 결혼이라는 大事(대사)를 치렀습니다.

한자의 뜻과 음을 말하면서 순서에 맞게 써보세요.

급수 80

中

가운데 중

- **뜻풀이**: 가운데, 내부, 계속하는 과정
- **총획**: 4
- **부수**: ㅣ
- **획수**: 3

中年 (중년) 40살 안팎의 나이
門中 (문중) 성과 본이 같은 가까운 집안

中 ㄱ 中 中

가운데 중

- 한쪽으로 치우치지 않는 中道 (중도)를 택했습니다.
- 그녀는 門中 (문중) 사람들의 기대를 받고 있습니다.

한자의 뜻과 음을 말하면서 순서에 맞게 써보세요.

급수 80

작을 소:

뜻풀이 작다, 어리다

총획 3

小數 (소수) 일의 자리보다 작은 자리의 값을 가진 수

小人 (소인) 나이 어린 사람, 몸집 작은 사람, 속 좁은 사람

부수 小 **획수** 0

小 小 小

小	小	小	小	小
작을 소				

- 그는 덩치는 큰데 小心 (소심)합니다.
- 0.1은 小數 (소수)입니다.

 한자의 뜻과 음을 말하면서 순서에 맞게 써보세요.

급수 72

온전 **전**

뜻풀이 온전하다, 전체

총획 6

부수 入 **획수** 4

全力 (전력) 모든 힘
安全 (안전) 위험이나 사고의 염려가 없음

全 全 全 全 全 全

全	全	全	全	全
온전 전				

- 하던 일을 全面 (전면) 중단합니다.
- 오늘부터 화재 대비 安全 (안전) 점검 기간입니다.

123

 한자의 뜻과 음을 말하면서 순서에 맞게 써보세요.

급수 70

 重

무거울 중:

뜻풀이 무겁다, 무게, 거듭하다

총획 9

부수 里
획수 2

重力 (중력) 지구 위 물체가 지구로부터 받는 힘
二重 (이중) 두 겹, 두 번 거듭되거나 겹침

重	重	重	重	重
무거울 중				

- 조만간 重大 (중대) 발표를 할 예정입니다.
- 무엇보다 가족이 所重 (소중)합니다.

124

한자의 뜻과 음을 말하면서 순서에 맞게 써보세요.

급수 72

力

힘 력

뜻풀이 힘, 일꾼

총획 2

부수 力 획수 0

人力 (인력) 사람의 힘, 노동력

力道 (역도) 무거운 역기를 들어 올려 그 중량을 겨루는 경기

㇀ 力

力	力	力	力	力
힘 력				

- 나는 全力 (전력)을 다해 뛰었습니다.
- 우리나라가 力道 (역도) 경기에서 금메달을 땄습니다.

 한자의 뜻과 음을 말하면서 순서에 맞게 써보세요.

급수 70

날 출

뜻풀이 나가다, 내다

총획 5

부수 ㄴ

획수 3

出口 (출구) 밖으로 나갈 수 있는 통로
算出 (산출) 계산하여 냄

出 出 出 出 出

出
날 출

- 비용을 算出(산출)하여 나눴습니다.
- 그는 스무 살에 出家(출가)하여 스님이 되었습니다.

 한자의 뜻과 음을 말하면서 순서에 맞게 써보세요.

급수 70

들 입

뜻풀이 들어가다, 들이다

총획 2

부수 入   획수 0

入場(입장) 장소에 들어가는 것
入住(입주) 새집에 들어가 삶

ノ 入

들 입

- 入學(입학)을 축하합니다.
- 숫자를 入力(입력)하세요.

한자의 뜻과 음을 말하면서 순서에 맞게 써보세요.

급수 72

설 립

- 뜻풀이: 서다, 세우다
- 총획: 5

- 부수: 立
- 획수: 0

國立(국립) 나라의 예산으로 세우고 관리함

立冬(입동) 겨울이 시작된다는 24절기의 하나

立 立 立 立 立

立	立	立	立	立
설 립				

- 부모에게서 벗어나 自立(자립)심을 키워야 합니다.
- 立冬(입동)이 지나고 정말 추워졌습니다.

한자의 뜻과 음을 말하면서 순서에 맞게 써보세요.

급수 70

來

올 래(:)

- 뜻풀이: 오다
- 총획: 8
- 부수: 人
- 획수: 6

外來 (외래) 밖에서 옴, 다른 나라에서 옴
來世 (내세) 죽은 뒤에 다시 태어나 사는 세상

一 厂 厂 厂 厂 來 來 來

來	來	來	來	來
올 래				

- 來日 (내일)이면 방학입니다.
- 한국어에는 外來語 (외래어)가 많습니다.

한자의 뜻과 음을 말하면서 순서에 맞게 써보세요.

급수 72

움직일 동:

뜻풀이 움직이다

총획 11

부수 力 **획수** 9

出動(출동) 목적을 실행하기 위하여 나감

動力(동력) 어떤 것을 움직이는 힘

動 動 動 動 動 動 動 動 動 動 動

動	動	動	動	動
움직일 동				

- 그림에서 生動(생동)감이 느껴집니다.
- 이 기계는 手動(수동)으로 움직입니다.

# 한자의 뜻과 음을 말하면서 순서에 맞게 써보세요.

급수 70

오를 등

뜻풀이 오르다, 올리다

총획 12

부수 癶 **획수** 7

登山(등산) 산에 오름
登場(등장) 무대 위로 나옴

フ ㇇ ㇉' 癶 癶 癶 癶 癶 登 登 登 登

登				
오를 등				

- 친구들과 설악산으로 登山(등산)을 갑니다.
- 편지를 登記(등기)로 부쳤습니다.

131

한자의 뜻과 음을 말하면서 순서에 맞게 써보세요.

급수 72

밥/먹을 식

뜻풀이 밥, 음식, 먹다

총획 9

부수 食

획수 0

食口(식구) 한집에서 함께 살면서 끼니를 같이하는 사람

食水(식수) 먹는 물

食食食食食食食食食

食 食 食 食 食

밥/먹을 식

- 다섯 食口(식구)가 단란하게 살고 있습니다.
- 食水(식수)가 많이 부족합니다.

한자의 뜻과 음을 말하면서 순서에 맞게 써보세요.

급수 80

生

날 생

뜻풀이 태어나다, 낳다, 사람

총획 5

부수 生   획수 0

生日 (생일) 세상에 태어난 날
先生 (선생) 학생을 가르치는 사람, 어떤 일을 잘 아는 사람

生 生 生 生 生

生	生	生	生	生
날 생				

- 돈이 人生 (인생)의 전부는 아닙니다.
- 시장에서 先生 (선생)님을 우연히 만났습니다.

 한자의 뜻과 음을 말하면서 순서에 맞게 써보세요.

급수 70

늙을 로:

뜻풀이 늙다, 늙은이

총획 6

부수 老 획수 0

年老(연로) 나이가 많음
老年(노년) 나이가 들어 늙은 때

老 老 老 老 老 老

老

늙을 로

- 男女老少(남녀노소) 모두 모였습니다.
- 이제는 老後(노후)를 어떻게 보낼지 생각해야 합니다.

 한자의 뜻과 음을 말하면서 순서에 맞게 써보세요.

급수 70

목숨 명:

뜻풀이 목숨, 명령, 표적

총획 8

부수 口

획수 5

王命 (왕명) 임금의 명령
命中 (명중) 화살이나 총알이 겨냥한 곳에 맞음

人 人 今 今 命 命 命 命

목숨 명

- 그 식물은 生命力 (생명력)이 강합니다.
- 소방관이 人命 (인명)을 구조합니다.

한자의 뜻과 음을 말하면서 순서에 맞게 써보세요.

급수 72

살 활

뜻풀이 살다, 활발하다

총획 9

부수 氵(水)   획수 6

生活(생활) 사람이나 동물이 활동하며 살아감

活氣(활기) 활동력이 있거나 활발한 기운

活 活 活 活 活 活 活 活 活

活	活	活	活	活
살 활				

- 발을 다쳐서 活動(활동)이 어렵습니다.
- 그는 活力(활력)이 넘칩니다.

한자의 뜻과 음을 말하면서 순서에 맞게 써보세요.

급수 70

살 주:

뜻풀이 살다, 머무르다

총획 7

住所(주소) 사람이 살고 있는 곳을 행정 구역으로 나타낸 이름

安住(안주) 한곳에 자리를 잡고 편안히 삶

부수 人   **획수** 5

住 住 住 住 住 住 住

住	住	住	住	住
살 주				

- 그 住所地(주소지)에 살고 있지 않습니다.
- 시골에 安住(안주)하고 싶습니다.

한자의 뜻과 음을 말하면서 순서에 맞게 써보세요.

급수 72

농사 농

- 뜻풀이: 농사
- 총획: 13

부수: 辰
획수: 6

農林(농림) 농업과 임업을 아울러 이르는 말
農民(농민) 농사짓는 일을 생업으로 삼는 사람

農 農 農 農 農 農 農 農 農 農 農 農 農

農	農	農	農	農
농사 농				

- 農夫(농부)가 들에서 일하고 있습니다.
- 저 農場(농장)에서는 소와 돼지를 기릅니다.

138

 한자의 뜻과 음을 말하면서 순서에 맞게 써보세요.

급수 72

일 사:

뜻풀이 일, 섬기다

총획 8

農事(농사) 곡류, 과채류의 씨나 모종을 심어 기르고 거두는 일

人事(인사) 상대에게 예를 표하는 말이나 행동

부수 亅   **획수** 7

事 事 事 事 事 事 事

事
일 사

- 감사 人事(인사) 드립니다.
- 事前(사전) 준비를 철저히 해야 합니다.

 한자의 뜻과 음을 말하면서 순서에 맞게 써보세요.

급수 70

마음 심

뜻풀이 마음, 한가운데

총획 4

부수 획수
心 0

人心(인심) 사람의 마음
民心(민심) 백성의 마음, 국민의 마음

心	心	心	心	心
마음 심				

- 나는 中心(중심)을 잘 못 잡습니다.
- 그는 心地(심지)가 바릅니다.

 한자의 뜻과 음을 말하면서 순서에 맞게 써보세요.

급수 72

기운 기

뜻풀이 기운, 활력, 자연 현상

총획 10

부수 气 **획수** 6

生氣(생기) 싱싱하고 힘찬 기운
空氣(공기) 지구를 둘러싼 대기를 구성하는 기체

氣 氣 氣 气 气 气 气 气 氣 氣

氣	氣	氣	氣	氣
기운 기				

- 얼굴에 生氣(생기)가 넘칩니다.
- 그녀는 人氣(인기)가 많습니다.

141

익히기 4

➔ 다음 한자어의 음을 쓰세요.

1. 南大門(　　　)은 우리나라 국보로 정식 명칭은 숭례문입니다.

2. 하루 세 번 食後(　　　) 30분마다 약을 먹어야 합니다.

3. 금요일에는 수업이 午前(　　　)에 끝납니다.

4. 주말에 가족들과 登山(　　　)을 즐깁니다.

5. 친구들과 봉사 活動(　　　)을 다녀왔습니다.

6. 주민 센터에서 이름, 住所(　　　)를 물었습니다.

7. 올해 農事(　　　)는 풍년입니다.

8. 그는 오후 4시 비행기로 出國(　　　)합니다.

➔ 다음 한자의 뜻과 음을 쓰세요.

예) 出　날 출

9. 農
10. 心
11. 重
12. 全
13. 中
14. 住

091~120

정답 p. 187

➡ 다음 뜻과 음에 맞는 한자를 보기 에서 찾아 그 번호를 쓰세요.

보기　① 東　② 西　③ 南　④ 北　⑤ 氣
　　　⑥ 前　⑦ 後　⑧ 左　⑨ 右　⑩ 動

15. 움직일 동　　16. 기운 기　　17. 앞 전

18. 남녘 남　　　19. 동녘 동　　20. 오른 우

➡ 다음 뜻에 맞는 한자어를 보기 에서 찾아 그 번호를 쓰세요.

보기　① 力道　② 小數　③ 門中　④ 重力

21. 성과 본이 같은 가까운 집안

22. 무거운 역기를 들어 올려 그 중량을 겨루는 경기

23. 지구 위 물체가 지구로부터 받는 힘

➡ 다음 한자의 상대되는 뜻을 가진 한자를 보기 에서 찾아 그 번호를 쓰세요.

보기　① 入　② 來　③ 力　④ 老

24. 出　　　　　　　　25. 少

| 正 | 直 | 便 | 安 | 休 |
| 不 | 人 | 手 | 足 | 口 |

| 姓 | 名 | 草 | 花 | 植 |
| 江 | 川 | 山 | 海 | 林 |

| 自 | 然 | 春 | 夏 | 秋 |
| 冬 | 電 | 青 | 白 | 色 |

 한자의 뜻과 음을 말하면서 순서에 맞게 써보세요.

급수 72

 正

바를 정(:)

뜻풀이 바르다, 바로

총획 5

부수 止　획수 1

正直 (정직) 마음이 바르고 곧음
正門 (정문) 건물 정면에 있는 주가 되는 출입문

正 正 正 正 正

正	正	正	正	正
바를 정				

- 正門 (정문)으로 나왔습니다.
- 잘못 쓴 글자가 있는지 校正 (교정)을 봅니다.

146

한자의 뜻과 음을 말하면서 순서에 맞게 써보세요.

급수 72

直

곧을 직

- 뜻풀이: 곧다, 맞다, 바르다
- 총획: 8

부수 目　획수 3

直前(직전) 어떤 일이 일어나기 바로 전
下直(하직) 어떤 곳에서 떠나거나 일을 그만둠

곧을 직

- 저희 아버지는 正直(정직)한 분이십니다.
- 下直(하직) 인사를 했습니다.

한자의 뜻과 음을 말하면서 순서에 맞게 써보세요.

급수 70

편할 편(:) |
똥오줌 변

뜻풀이: 편하다, 편리하다, 편 | 똥오줌

총획: 9

부수: 人   획수: 7

便安(편안) 편하고 걱정 없이 좋음
便所(변소) 대소변을 보도록 만들어 놓은 곳

便 便 便 便 便 便 便 便 便

便

편할 편 | 똥오줌 변

- 人便(인편)으로 선물을 전하겠습니다.
- 몸이 不便(불편)합니다.

148

한자의 뜻과 음을 말하면서 순서에 맞게 써보세요.

급수 72

편안 안

- 뜻풀이: 편안하다
- 총획: 6

부수: 宀
획수: 3

安心 (안심) 모든 걱정을 떨쳐 버리고 마음을 편히 가짐

安全 (안전) 위험이나 사고가 생길 염려가 없음

安安安安安安

安	安	安	安	安
편안 안				

- 학교에서 安全 (안전) 교육을 받았습니다.
- 부모님께 問安 (문안) 인사를 드립니다.

149

한자의 뜻과 음을 말하면서 순서에 맞게 써보세요.

급수 70

休

쉴 휴

뜻풀이 쉬다, 그만두다

총획 6

부수 人　**획수** 4

休日 (휴일) 일요일이나 공휴일같이 일을 하지 않고 쉬는 날
休紙 (휴지) 못 쓰게 된 쓸모없는 종이

休 休 休 休 休 休

休	休	休	休	休

쉴 **휴**

- 이번 학기 休學 (휴학) 중입니다.
- 저 산은 현재 분화를 멈춘 休火山 (휴화산)입니다.

150

 **한자의 뜻과 음을 말하면서 순서에 맞게 써보세요.**

급수 72

아닐 **불** Tip. 바로 뒤에 글자 'ㄷ, ㅈ'이 오면 '부'로 읽습니다.

뜻풀이 아니다, 못하다

총획 4

不安(불안) 마음이 편하지 아니하고 조마조마함

不正(부정) 올바르지 아니하거나 옳지 못함

부수 一

획수 3

아닐 **불**

- 不時(불시)에 찾아갈지도 모릅니다.
- 不平(불평)을 계속 늘어놓고 있습니다.

151

한자의 뜻과 음을 말하면서 순서에 맞게 써보세요.

급수 80

人

사람 인

뜻풀이 사람

총획 2

부수 획수
人 0

人口 (인구) 일정한 지역에 사는 사람의 수
人生 (인생) 사람이 세상을 살아가는 일

人 人

人	人	人	人	人
사람 인				

- 저 동네는 人心 (인심)이 후합니다.
- 그건 人力 (인력)으로 안 되는 일입니다.

152

 한자의 뜻과 음을 말하면서 순서에 맞게 써보세요.

급수 72

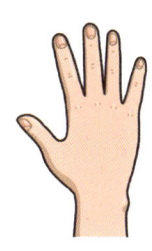

손 수(:)

뜻풀이 손, 수단, 사람

총획 4

부수 手　　**획수** 0

手工(수공) 손으로 하는 비교적 간단한 공예

木手(목수) 나무를 다루는 일을 직업으로 하는 사람

手 手 手 手

손 수

- 다른 사람의 手中(수중)에 넘어갔습니다.
- 내 친구가 드디어 歌手(가수)로 데뷔합니다.

153

 한자의 뜻과 음을 말하면서 순서에 맞게 써보세요.

급수 72

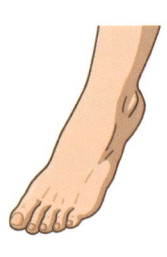

足

발 족

뜻풀이 발, 충분하다

총획 7

부수 足 획수 0

手足(수족) 손과 발, 자기 마음대로 부리는 사람

足下(족하) 또래 상대편을 높이는 말, 편지 받을 사람 이름 아래에 씀

足 足 足 足 足 足 足

足	足	足	足	足
발 족				

- 다른 사람의 手足(수족) 노릇을 합니다.
- 물이 不足(부족)합니다.

한자의 뜻과 음을 말하면서 순서에 맞게 써보세요.

급수 70

입 구(:)

뜻풀이 입, 문, 구멍, 사람을 세는 단위

총획 3

부수 口 **획수** 0

口語(구어) 글에서만 쓰는 말이 아닌, 일상 대화에서 쓰는 말

出入口(출입구) 나갔다가 들어왔다가 하는 문

입구

- 지하철 入口(입구)에서 만나기로 했습니다.
- 대한민국 人口(인구)가 감소하고 있습니다.

155

한자의 뜻과 음을 말하면서 순서에 맞게 써보세요.

급수 72

성 성:

| 뜻풀이 | 혈족을 나타내는 칭호 |
| 총획 | 8 |

姓名(성명) 성과 이름을 아울러 이르는 말

百姓(백성) 일반 국민을 예스럽게 이르는 말

| 부수 | 획수 |
| 女 | 5 |

姓 姓 姓 姓 姓 姓 姓 姓

| 姓 | 姓 | 姓 | 姓 | 姓 |
| 성 성 | | | | |

- 우리는 同姓(동성)으로 성이 최씨입니다.
- 百姓(백성)은 나라의 근본입니다.

한자의 뜻과 음을 말하면서 순서에 맞게 써보세요.

급수 72

名

이름 명

- 뜻풀이: 이름, 유명한
- 총획: 6

부수: 口 획수: 3

有名 (유명) 이름이 널리 알려져 있음
地名 (지명) 마을이나 지방, 산천, 지역 따위의 이름

名	名	名	名	名

이름 명

- 맨 위 칸에 姓名(성명)을 써야 합니다.
- 이 지역 名所(명소)를 소개합니다.

한자의 뜻과 음을 말하면서 순서에 맞게 써보세요.

급수 70

풀 초

뜻풀이 풀

총획 10

부수 획수

艹(艸) 6

草木(초목) 풀과 나무를 아울러 이르는 말

草食(초식) 주로 풀만 먹고 삶

草草草草草草草草草草

草	草	草	草	草
풀 초				

• 이제 시골에서 草家(초가)집 보기가 힘듭니다.
• 草食動物(초식동물)은 대체로 온순합니다.

한자의 뜻과 음을 말하면서 순서에 맞게 써보세요.

급수 70

花

꽃 **화**

- 뜻풀이: 꽃
- 총획: 8
- 부수: ⺾(艸)
- 획수: 4

生花(생화) 살아 있는 화초에서 꺾은 진짜 꽃

花草(화초) 꽃이 피는 풀과 나무 또는 꽃이 없는 관상용 식물

花 花 花 花 花 花 花 花

花	花	花	花	花
꽃 화				

- 우리나라의 國花(국화)는 무궁화입니다.
- 木花(목화)솜으로 이불을 만듭니다.

159

한자의 뜻과 음을 말하면서 순서에 맞게 써보세요.

급수 70

植

심을 식

뜻풀이 심다, 목재

총획 12

부수 木 획수 8

植物(식물) 생물계의 두 갈래 중 하나, 동물과 구별되는 무리

植木(식목) 나무를 심음

植 植 植 植 植 植 植 植 植 植 植 植

植	植	植	植	植
심을 식				

- 植木日(식목일)에 나무를 심습니다.
- 植民(식민) 지배로부터 벗어났습니다.

160

 한자의 뜻과 음을 말하면서 순서에 맞게 써보세요.

급수 72

 江

강 강

뜻풀이 강
총획 6

부수 획수
氵(水) 3

江南 (강남) 강의 남쪽 지역
江村 (강촌) 강가에 있는 마을

江 江 江 江 江 江

江	江	江	江	江
강 강				

- 서울 江北 (강북) 지역에는 고궁이 많습니다.
- 10년이면 江山 (강산)도 변합니다.

161

 한자의 뜻과 음을 말하면서 순서에 맞게 써보세요.

급수 70

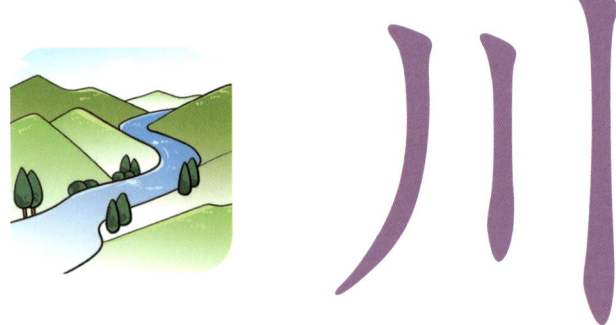

내 천

뜻풀이 냇물

총획 3

부수 川(巛)   획수 0

山川 (산천) 산과 내, 자연
大川 (대천) 큰 내, 이름난 내

川 川 川

川				
내 천				

- 고향 山川(산천)이 그립습니다.
- 山川萬里(산천만리)에서 혼자 외롭게 지내고 있습니다.

한자의 뜻과 음을 말하면서 순서에 맞게 써보세요.

급수 80

山

메 산

뜻풀이 산, 무덤

총획 3

부수 획수
山   0

山林(산림) 산과 숲, 산에 있는 숲
先山(선산) 조상의 무덤

ㅣ ㅑ 山

山	山	山	山	山
메 산				

- 江山(강산)이 아름답습니다.
- 조상의 山所(산소)를 찾아 성묘를 합니다.

 한자의 뜻과 음을 말하면서 순서에 맞게 써보세요.

급수 72

바다 해:

뜻풀이 바다

총획 10

부수 氵(水) **획수** 7

海軍(해군) 바다에서 공격과 방어의 임무를 수행하는 군대
海物(해물) 바다에서 나는 동식물

海 海 海 海 海 海 海 海 海 海

海	海	海	海	海
바다 해				

- 海軍(해군)의 전투력을 증강해야 합니다.
- 海上(해상)이 흐리고 높은 파도가 일겠습니다.

 한자의 뜻과 음을 말하면서 순서에 맞게 써보세요.

급수 70

수풀 림

뜻풀이 수풀, 숲

총획 8

부수 木 획수 4

人工林(인공림) 사람이 씨를 뿌리거나 나무를 심어 만든 숲

林木(임목) 숲의 나무

林 林 林 林 林 林 林 林

林	林	林	林	林
수풀 림				

- 農林(농림)은 국가의 중요한 자원입니다.
- 國有林(국유림)은 국가에서 관리합니다.

 한자의 뜻과 음을 말하면서 순서에 맞게 써보세요.

급수 72

自

스스로 자

뜻풀이 스스로, 저절로

총획 6

부수 획수
自   0

自動(자동) 기계가 일정한 작용에 의해 스스로 작동함

大自然(대자연) 넓고 큰 자연

스스로 자

- 스스로 묻고 대답하는 自問自答(자문자답) 중입니다.
- 自然林(자연림)을 잘 보존해야 합니다.

한자의 뜻과 음을 말하면서 순서에 맞게 써보세요.

급수 70

그럴 연

뜻풀이 그러하다, 이치에 맞다

총획 12

부수 획수
灬(火) 8

天然(천연) 사람의 힘을 가하지 아니한 상태
然後(연후) 그런 뒤

然 然 然 然 然 然 然 然 然 然 然 然

然	然	然	然	然
그럴 연				

• 인간은 自然(자연)과 더불어 살아갑니다.
• 그는 내 말을 다 들은 然後(연후)에 돌아갔습니다.

 한자의 뜻과 음을 말하면서 순서에 맞게 써보세요.

급수 70

春

봄 춘

뜻풀이 봄, 젊은 때

총획 9

부수 日 획수 5

春秋(춘추) 봄과 가을, 어른의 나이를 높여 이르는 말

二八靑春(이팔청춘) 16세 전후의 젊은 시절

春 春 春 春 春 春 春 春 春

春	春	春	春	春
봄 춘				

- 立春(입춘)이 내일이라 그런지 따뜻합니다.
- 靑春(청춘) 남녀가 모여 있습니다.

168

한자의 뜻과 음을 말하면서 순서에 맞게 써보세요.

급수 70

夏

여름 하:

- 뜻풀이: 여름
- 총획: 10
- 부수: 夊
- 획수: 7

夏時(하시) 여름철
夏冬(하동) 여름과 겨울

夏 夏 夏 夏 夏 夏 夏 夏 夏 夏

夏 夏 夏 夏 夏

여름 하

- 올해 夏時(하시)는 작년보다 덥지 않습니다.
- 立夏(입하)가 지나고 나니 매우 덥습니다.

169

한자의 뜻과 음을 말하면서 순서에 맞게 써보세요.

급수 70

가을 추

뜻풀이 가을, 시기, 세월

총획 9

부수 禾

획수 4

立秋(입추) 가을이 시작되는 날
千秋(천추) 오래고 긴 세월

秋 秋 秋 秋 秋 秋 秋 秋 秋

| 秋 | 秋 | 秋 | 秋 | 秋 |

가을 추

- 秋夕(추석)에 보름달을 보며 소원을 빕니다.
- 千秋(천추)의 한으로 남을 일입니다.

한자의 뜻과 음을 말하면서 순서에 맞게 써보세요.

급수 70

冬

겨울 동(:)

- 뜻풀이: 겨울
- 총획: 5

부수: 冫
획수: 3

春夏秋冬(춘하추동) 봄, 여름, 가을, 겨울 네 계절
三冬(삼동) 겨울 석 달

丶 夂 冬 冬 冬

冬	冬	冬	冬	冬
겨울 동				

- 立冬(입동)이 지나면 날씨가 추워집니다.
- 三冬(삼동)이 지나고 봄을 맞이합니다.

한자의 뜻과 음을 말하면서 순서에 맞게 써보세요.

급수 72

電

번개 **전**:

| 뜻풀이 | 번개, 전기 |
| 총획 | 13 |

| 부수 | 획수 |
| 雨 | 5 |

電力 (전력) 전류가 단위 시간에 사용되는 에너지의 양

家電 (가전) 가정에서 사용하는 전기 기기 제품

電電電電電電電電電電電電電

| 電 | 電 | 電 | 電 | 電 |
| 번개 **전** | | | | |

| | | | | |

- 날씨가 더워지면서 電力 (전력) 소비량이 증가했습니다.
- 집에 電氣 (전기)가 끊겼습니다.

한자의 뜻과 음을 말하면서 순서에 맞게 써보세요.

급수 80

青

푸를 청

뜻풀이 푸르다, 젊다

총획 8

부수 青 **획수** 0

青旗(청기) 푸른 빛깔의 기
青年(청년) 신체적, 정신적으로 한창 성장한 시기에 있는 사람

青 青 青 青 青 青 青 青

青	青	青	青	青

푸를 청

- 하늘이 青色(청색)을 띕니다.
- 青春(청춘)은 인생의 봄입니다.

173

 한자의 뜻과 음을 말하면서 순서에 맞게 써보세요.

급수 80

白

흰 백

뜻풀이	희다, 밝다
총획	5

부수: 白
획수: 0

白軍(백군) 단체 경기에서 색깔로 편을 가를 때 백 쪽의 편
白紙(백지) 아무것도 적지 않은 빈 종이

白 | 白 | 白 | 白 | 白

흰 백

- 白軍(백군)을 응원합니다.
- 여기 白紙(백지)에 그리세요.

 한자의 뜻과 음을 말하면서 순서에 맞게 써보세요.

급수 70

빛 **색**

뜻풀이 빛, 색깔

총획 6

부수 획수
色   0

氣色(기색) 마음의 작용으로 얼굴에 드러나는 빛

正色(정색) 얼굴에 엄정한 빛을 나타냄

色 色 色 色 色 色

色	色	色	色	色
빛 **색**				

- 色紙(색지)를 오려서 붙입니다.
- 두려운 氣色(기색)이 없습니다.

익히기 5

→ 다음 한자어의 음을 쓰세요.

1. 秋夕(   )을 쇠러 고향으로 내려갑니다.

2. 우리나라는 春夏秋冬(   ) 사계절이 분명합니다.

3. 이 섬은 아름다운 自然(   )을 가지고 있습니다.

4. 강원도 春川(   )에 할머니댁이 있습니다.

5. 아버님께 올해 春秋(   )가 어떻게 되시는지 여쭈어 보았습니다.

6. 쓰던 家電(   )제품이 오래되어 새것으로 바꿨습니다.

7. 아이가 白紙(   )에 낙서를 하였습니다.

8. 육군과 海軍(   )이 함께 적을 물리쳤습니다.

→ 다음 한자의 뜻과 음을 쓰세요.

예) 電 번개 전

9. 自
10. 花
11. 草
12. 名
13. 足
14. 手

→ 다음 밑줄 친 한자어를 보기 에서 찾아 그 번호를 쓰세요.

보기   ① 海外   ② 正直   ③ 電話   ④ 安全

15. 그는 <u>해외</u>로 여행을 떠났습니다.

16. 국가의 <u>안전</u>이 위협을 받고 있습니다.

17. <u>정직</u>은 내가 마음에 새겨 두고 있는 좌우명입니다.

→ 다음 뜻에 맞는 한자어를 보기 에서 찾아 그 번호를 쓰세요.

보기   ① 手工   ② 足下   ③ 有名   ④ 人口

18. 이름이 널리 알려져 있음

19. 또래 상대편을 높이는 말, 편지 받을 사람 이름 아래에 씀

20. 손으로 하는 비교적 간단한 공예

→ 다음 한자의 진하게 표시한 획은 몇 번째로 쓰는지 숫자로 쓰세요.

21.    22.

사자성어

1 男女老少
남녀노소
- '남자와 여자, 늙은이와 젊은이'라는 뜻으로 모든 사람

2 大韓民國
대한민국
- 한반도와 그 부속 섬들로 이루어진 공화국, 한국

3 東問西答
동문서답
- 물음과는 전혀 상관없는 엉뚱한 대답

4 萬里長天
만리장천
- 아득히 높고 먼 하늘

5 名山大川
명산대천
- 이름난 산과 큰 내

6 四方八方
사방팔방
- 여기저기 모든 방향이나 방면

7 四海兄弟
사해형제
- '온 세상 사람이 모두 형제와 같다'는 의미, 친밀함

8 山川萬里
산천만리
- 산을 넘고 내를 건너 아주 멂

9 山川草木
산천초목
- 산과 내와 풀과 나무, 자연

10 三三五五
삼삼오오
- 서너 사람 또는 대여섯 사람이 떼를 지어 다님

 사자성어

11 上 下 左 右
상하좌우

- 위와 아래, 왼쪽과 오른쪽을 아우르는 말

12 十 中 八 九
십중팔구

- 열 가운데 여덟이나 아홉 정도로 거의 대부분

13 安 心 立 命
안심입명

- 마음의 편안함을 얻은 상태

14 月 下 老 人
월하노인

- 부부의 인연을 맺어 준다는 전설상의 늙은이

15 二 八 靑 春
이팔청춘

- 16세 무렵의 꽃다운 청춘, 혈기 왕성한 젊은 시절

180

16 人山人海
인산인해

- 사람이 산과 바다를 이룰 만큼 많이 모임

17 一問一答
일문일답

- 한 번 물음에 대하여 한 번 대답함

18 一日三秋
일일삼추

- 하루를 삼 년같이 몹시 애태우며 기다림

19 自問自答
자문자답

- 스스로 묻고 스스로 대답함

20 草家三間
초가삼간

- 세 칸밖에 안 되는 초가, 아주 작은 집

반대자

1. | 大 | 小 |
   |---|---|
   | 큰 대 | 작을 소 |

2. | 上 | 下 |
   |---|---|
   | 윗 상 | 아래 하 |

3. | 左 | 右 |
   |---|---|
   | 왼 좌 | 오른 우 |

4. | 內 | 外 |
   |---|---|
   | 안 내 | 바깥 외 |

5. | 前 | 後 |
   |---|---|
   | 앞 전 | 뒤 후 |

6. | 先 | 後 |
   |---|---|
   | 먼저 선 | 뒤 후 |

7. | 入 | 出 |
   |---|---|
   | 들 입 | 날 출 |

1~14

8	少	老	少	老
	적을 소	늙을 로		
9	男	女	男	女
	사내 남	계집 녀		
10	父	母	父	母
	아비 부	어미 모		
11	兄	弟	兄	弟
	형 형	아우 제		
12	手	足	手	足
	손 수	발 족		
13	日	月	日	月
	날 일	달 월		
14	火	水	火	水
	불 화	물 수		

반대자

15. 天 하늘 천 / 地 따 지

16. 午 낮 오 / 夕 저녁 석

17. 東 동녘 동 / 西 서녘 서

18. 南 남녘 남 / 北 북녘 북

19. 春 봄 춘 / 秋 가을 추

20. 夏 여름 하 / 冬 겨울 동

21. 民 백성 민 / 王 임금 왕

15~28

22	市	村		市	村
	저자 시	마을 촌			

23	學	敎		學	敎
	배울 학	가르칠 교			

24	問	答		問	答
	물을 문	대답 답			

25	山	江		山	江
	메 산	강 강			

26	山	川		山	川
	메 산	내 천			

27	父	子		父	子
	아비 부	아들 자			

정답

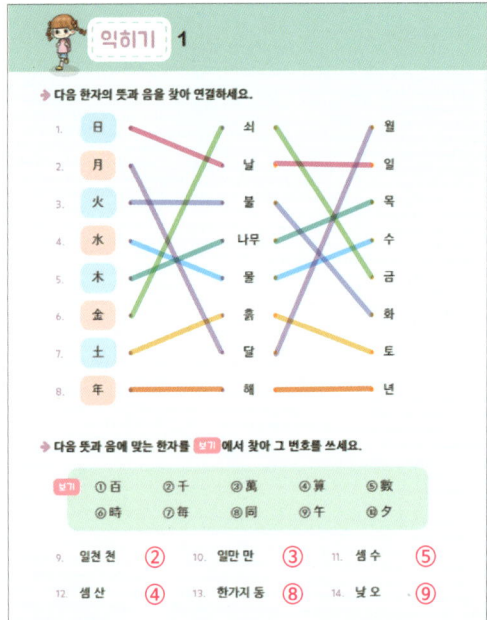

p. 40

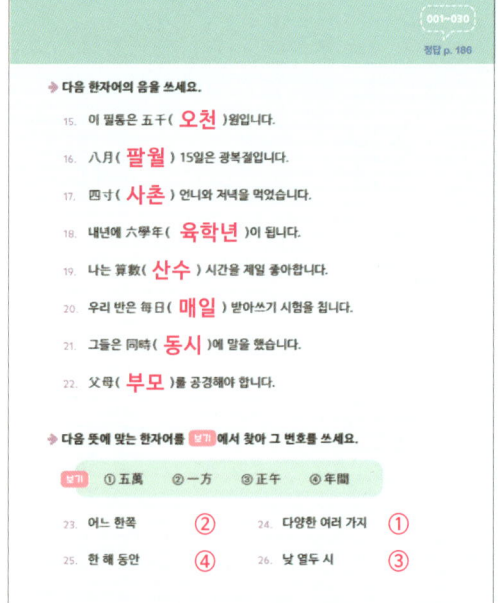

p. 41

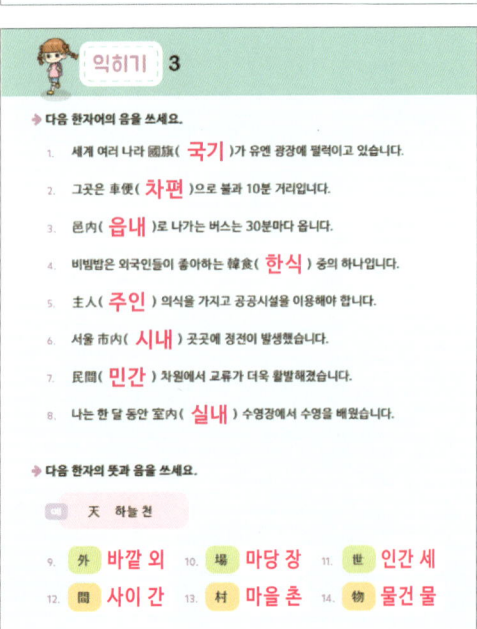

p. 74

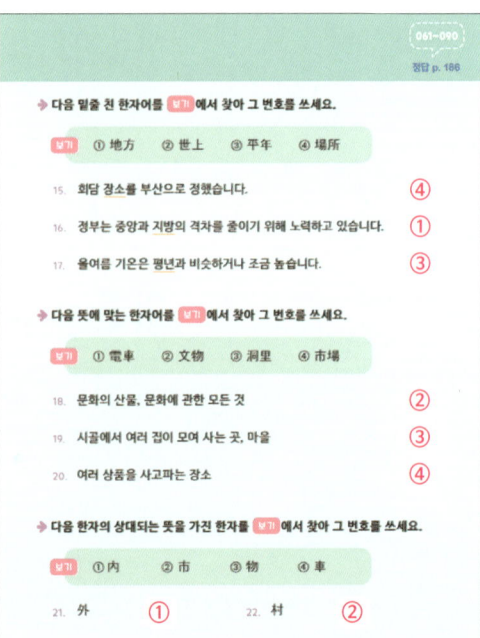

p. 75

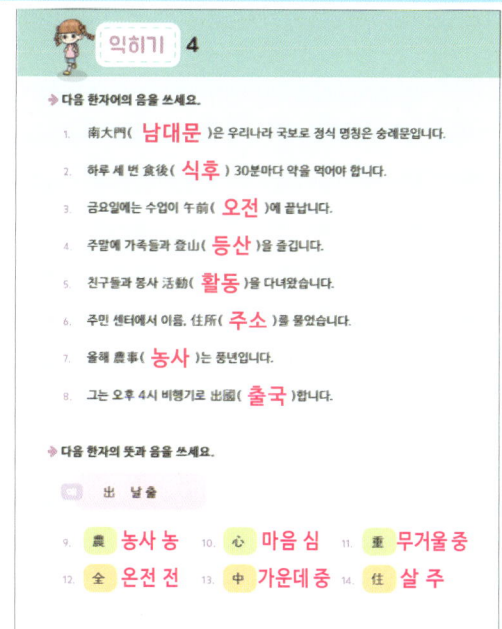

p. 142

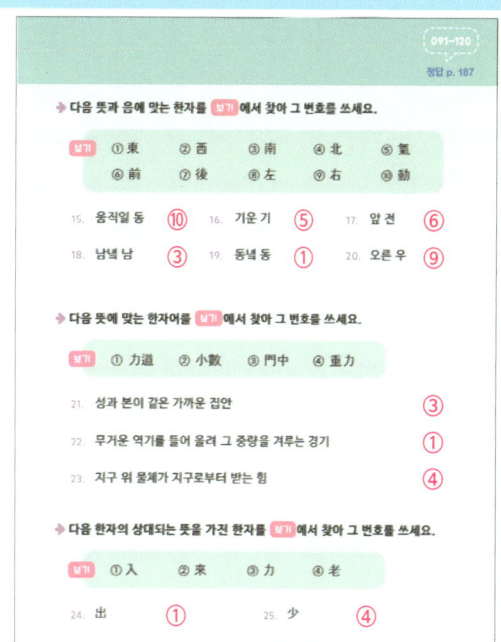

p. 143

p. 176

p. 177

찾아보기 음순

ㄱ

		페이지
노래	가 歌	73
집	가 家	48
사이	간 間	107
강	강 江	161
수레	거 車	86
빌	공 空	99
장인	공 工	79
가르칠	교 敎	61
학교	교 校	60
아홉	구 九	18
입	구 口	155
나라	국 國	81
군사	군 軍	82
쇠	금 金	30
기	기 旗	78
기록할	기 記	68
기운	기 氣	141
성(姓)	김 金	30

ㄴ

남녘	남 南	118
사내	남 男	51
안	내 內	95
계집	녀 女	52
해	년 年	32
농사	농 農	138

ㄷ

대답	답 答	63
큰	대 大	120
길	도 道	65
겨울	동 冬	171
골	동 洞	91
동녘	동 東	116
움직일	동 動	130
한가지	동 同	37
오를	등 登	131

ㄹ

올	래 來	129
힘	력 力	125
늙을	로 老	134
여섯	륙 六	15
마을	리 里	92
수풀	림 林	165
설	립 立	128

ㅁ

일만	만 萬	22
매양	매 每	36
낯	면 面	101
목숨	명 命	135
이름	명 名	157
어미	모 母	39
나무	목 木	29
글월	문 文	69
문	문 門	49
물을	문 問	62
물건	물 物	87
백성	민 民	85

ㅂ

모	**방** 方	104
달아날	**배** 北	119
일백	**백** 百	20
흰	**백** 白	174
똥오줌	**변** 便	148
아비	**부** 父	38
지아비	**부** 夫	55
북녘	**북** 北	119
아닐	**불** 不	151

ㅅ

넉	**사** 四	13
일	**사** 事	139
메	**산** 山	163
셈	**산** 算	23
석	**삼** 三	12
윗	**상** 上	105
빛	**색** 色	175
날	**생** 生	133
서녘	**서** 西	117
저녁	**석** 夕	35
먼저	**선** 先	64
성	**성** 姓	156
인간	**세** 世	102

바	**소** 所	94
작을	**소** 小	122
적을	**소** 少	54
물	**수** 水	28
셈	**수** 數	24
손	**수** 手	153
때	**시** 時	33
저자	**시** 市	88
먹을	**식** 食	132
밥	**식** 食	132
심을	**식** 植	160
집	**실** 室	50
마음	**심** 心	140
열	**십** 十	19

찾아보기 음순

ㅇ

편안	안 安	149
말씀	어 語	66
그럴	연 然	167
낮	오 午	34
다섯	오 五	14
임금	왕 王	83
바깥	외 外	96
오른(쪽)	우 右	113
오를	우 右	113
달	월 月	26
있을	유 有	103
기를	육 育	58
고을	읍 邑	90
두	이 二	11
사람	인 人	152
날	일 日	25
한	일 一	10
들	입 入	127

ㅈ

글자	자 字	70
스스로	자 自	166
아들	자 子	47
긴	장 長	53
마당	장 場	93
번개	전 電	172
앞	전 前	114
온전	전 全	123
바를	정 正	146
아우	제 弟	45
할아비	조 祖	46

발	족 足	154
왼	좌 左	112
살	주 住	137
임금	주 主	84
주인	주 主	84
가운데	중 中	121
무거울	중 重	124
따	지 地	98
종이	지 紙	71
곧을	직 直	147

ㅊ

수레	차 車	86
내	천 川	162
일천	천 千	21
하늘	천 天	97
푸를	청 靑	173
풀	초 草	158
마디	촌 寸	56
마을	촌 村	89
가을	추 秋	170
봄	춘 春	168
날	출 出	126
일곱	칠 七	16

ㅌ

| 흙 | 토 土 | 31 |

ㅍ

여덟	팔 八	17
편할	편 便	148
평평할	평 平	100

ㅎ

아래	하 下	106
여름	하 夏	169
배울	학 學	59
나라	한 韓	80
한국	한 韓	80
한나라	한 漢	72
한수	한 漢	72
바다	해 海	164
형	형 兄	44
꽃	화 花	159
말씀	화 話	67
불	화 火	27
살	활 活	136
효도	효 孝	57
뒤	후 後	115
쉴	휴 休	150

 blog.naver.com/languagebook

하루하루
급수한자쓰기 7급

초판 2쇄 발행 2024년 9월 20일
초판 1쇄 발행 2023년 3월 25일

지은이	이지영
그림	박윤희·서정임
기획	김은경
편집	J. Young · Jellyfish
디자인	IndigoBlue

발행인	조경아		
총괄	강신갑		
발행처	랭귀지북스		
등록번호	101-90-85278	**등록일자**	2008년 7월 10일
주소	서울시 마포구 포은로2나길 31 벨라비스타 208호		
전화	02.406.0047	**팩스**	02.406.0042
이메일	languagebooks@hanmail.net		
블로그	blog.naver.com/languagebook		

ISBN	979-11-5635-198-6 (73700)
값	15,000원

ⓒLanguagebooks, 2023

이 책은 저작권법에 따라 보호받는 저작물이므로 무단 전재와 무단 복제를 금지하며,
이 책 내용의 전부 또는 일부를 이용하려면 반드시 저작권자와 랭귀지북스의 서면 동의를 받아야 합니다.
잘못된 책은 구입처에서 바꿔 드립니다.